新时代高品质生活的重庆实践

姚树洁　房景◎著

重庆出版集团　重庆出版社

图书在版编目(CIP)数据

新时代高品质生活的重庆实践 / 姚树洁, 房景著. — 重庆: 重庆出版社, 2024.4
ISBN 978-7-229-18527-5

Ⅰ.①新… Ⅱ.①姚… ②房… Ⅲ.中国特色社会主义—社会主义建设—研究—重庆 Ⅳ.①D677.19

中国国家版本馆CIP数据核字(2024)第064111号

新时代高品质生活的重庆实践
XINSHIDAI GAOPINZHI SHENGHUO DE CHONGQING SHIJIAN
姚树洁 房 景 著

责任编辑:吴 昊　冯 静
责任校对:廖应碧
装帧设计:张合涛　李南江

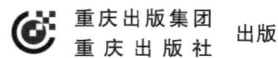

重庆出版集团
重庆出版社　出版

重庆市南岸区南滨路162号1幢　邮政编码:400061　http://www.cqph.com
重庆出版社艺术设计有限公司制版
重庆恒昌印务有限公司印刷
重庆出版集团图书发行有限公司发行
E-MAIL:fxchu@cqph.com　邮购电话:023-61520678
全国新华书店经销

开本:787mm×1092mm　1/16　印张:12　字数:142千
2024年4月第1版　2024年4月第1次印刷
ISBN 978-7-229-18527-5
定价:47.00元

如有印装质量问题,请向本集团图书发行有限公司调换:023-61520678

版权所有　侵权必究

前　言

习近平新时代中国特色社会主义思想作为党和国家必须长期坚持的指导思想，在我国全面深化改革的进程中发挥了重要作用。重庆作为国家中心城市和西部地区重要增长极，承担引领西部发展的重要历史使命。重庆在实践中认真贯彻落实习近平新时代中国特色社会主义思想，不断探索适应地方特色的高质量发展之路。本书旨在深入研究习近平新时代中国特色社会主义思想在重庆的实际应用，围绕习近平新时代中国特色社会主义思想指导下高品质生活与中国式现代化建设的理论逻辑，重庆创造高品质生活进程中的城市建设、战略规划、产业建设、生态建设、民生建设、国际合作等六大议题，探讨重庆创造高品质生活的具体实践效果。

本书由六个章节构成。第一章探讨习近平新时代中国特色社会主义思想指导下高品质生活城市建设的学理机制，梳理中国式现代化的基础条件，探讨中国式现代化的内涵特征，解读"创造高品质生活"发展目标，分析推动高质量发展与创造高品质生活的内在逻辑，探讨依托城市群发展实现高质量发展、高品质生活、助力中国式现代化的发展策略。

第二章探讨重庆实现国家发展目标，提高居民生活质量，推进高品质生活城市建设的战略规划，立足"双循环"与"双城经济圈"提出的重要时代背景，剖析区域经济均衡增长与"双循环"新发展格局的学理机制，分析成渝地区双城经济圈如何推动"双循环"新格局发展，讨论如何推动双城经济圈建设，提升重庆高品质生活城市建设。

第三章基于"科技创新"与"西部科学城"的重要使命，立足西部科学城发展现状，剖析西部科学城发展存在的问题与挑战，探讨重庆作为西部地区重要增长极，如何在习近平新时代中国特色社会主义思想的指导下，以创新驱动发展，以西部科学城建设为纽带，推动成渝地区双城经济圈高质量发展。

高品质生活建设进程中的环境保护与可持续发展尤为重要，第四章探讨如何把系统观念贯彻到实现"双碳"目标工作中，立足中国碳排放现状，运用系统观念，探讨能源结构、产业结构、能源强度对碳排放的影响，从碳排放精准核算、生态系统碳增汇、社会系统碳减排三方面探索"碳中和"的实现路径，探讨重庆推动高质量发展、创造高品质生活进程中系统把握"双碳"目标的具体实践建议。

第五章探讨重庆高品质生活民生建设实践进程中如何巩固脱贫攻坚成果，以中国区域发展非均衡和城乡发展不平等为切入点，探讨经济发展非均衡存在的根源及现状，阐述中国各个阶段贫困治理的路径及特征，分享重庆云阳县贫困村落典型案例，探讨重庆加强民生建设、巩固脱贫攻坚成果的战略规划。

作为"一带一路"和西部陆海新通道的重要节点城市，重庆在国际合作与打造内陆高品质开放高地方面扮演着重要角色，第六章立足西部陆海新通道与"一带一路"的重大意义和发展现状，剖析融入"一带一路"、畅通西部陆海新通道对于重庆发展的重要意义，探讨重庆如何打造内陆开放高地、通过国际合作实现高品质生活目标。

最后，结语部分总结本书主要观点，为重庆进一步实现"推动高质量发展、创造高品质生活"的"双高"目标建言献策。

目 录

前 言 1

第一章
习近平新时代中国特色社会主义思想指导下高品质生活城市建设的学理机制 1

一、解读现代化建设目标与高品质生活实践 4

二、中国式现代化的基础条件 5

三、实现高质量发展和高品质生活的逻辑起点：
中国式现代化的内涵特征 10

四、怎样理解"创造高品质生活" 13

五、推动高质量发展与创造高品质生活内在统一、互为支撑，
在中国式现代化进程中发挥着关键作用 15

六、依托城市群发展实现高质量发展、高品质生活，
助力中国式现代化的策略 19

（一）着力推动建设层次分明的高品质生活宜居城市群 19

（二）坚持以科技创新和产业升级赋能中心城市发展 21

（三）促进城市群内部的同城化发展，提高城市群经济运行效率 22

（四）统筹生产、生活、生态，推进城乡融合发展，
　　　创造惠及全体人民的高品质生活 23

第二章
重庆创造高品质生活的城市建设战略规划：
推动双城经济圈建设 25

一、"双循环"与"双城经济圈"提出的背景 28

二、区域经济均衡增长与"双循环"新发展格局的学理机制 30

三、成渝双城经济圈如何推动"双循环"新格局发展 39

（一）成渝地区双城经济圈的基本介绍 39

（二）成渝地区的重要地位 41

（三）成渝地区双城经济圈的战略意义 42

（四）成渝地区双城经济圈建设面临的挑战 45

四、如何推动双城经济圈建设，提升重庆高品质生活城市建设 47

（一）加强重庆、成都两大极核产业创新协同发展 48

（二）依托西部科学城，加强成渝地区与全国其他城市群
　　　协同发展 49

（三）全面提高对外开放水平，提升高端要素集聚能力 49

第三章
重庆创造高品质生活的产业建设：西部科学城
建设推动成渝地区双城经济圈高质量发展 51

一、"科技创新"与"西部科学城"的重要使命 54

二、西部科学城发展概况 58

三、西部科学城的战略意义　60

四、促进西部科学城建设推动成渝地区双城经济圈高质量发展，
提升重庆高品质生活产业建设　66

（一）推动重庆、成都两地科学城创新协同发展　67

（二）打造成渝双城经济圈产业发展轴，
构建具有全国影响和牵引力的经济中心　67

（三）加强科学城对外开放窗口作用，
提升国际要素集聚利用能力　69

第四章
重庆创造高品质生活的生态建设：
系统把握"双碳"目标　71

一、重庆高品质生活的生态建设进程中系统把握"双碳"目标的
理论基础　74

二、当前碳排放问题的现实状况　77

三、"双碳"目标实现过程中的系统观念运用　88

（一）处理好发展与减排的关系　88

（二）处理好整体与局部的关系　89

（三）处理好长期目标与短期目标的关系　90

（四）处理好政府与市场的关系　91

四、碳中和实现路径探索　91

（一）碳排放测算　91

（二）社会系统碳减排　95

五、生态系统碳增汇　100

六、重庆高品质生活建设中系统把握"双碳"目标的
　　具体实践建议　103

第五章
重庆创造高品质生活的民生建设：
巩固脱贫攻坚成果　105

一、新中国成立以来经济发展与反贫之路　108

二、非均衡的经济发展　114

（一）区域发展不均衡与贫困问题　114

（二）城乡经济发展不均衡与贫困问题　116

三、新中国成立70余年来的反贫之路　119

（一）平均主义福利模式的贫困救助（1949—1977年）　122

（二）制度变革激励生产的贫困救助（1978—1985年）　122

（三）全面改革背景下的瞄准到县的扶贫模式
　　（1986—1994年）　123

（四）非均衡发展格局下区域专项扶贫（1995—2010年）　123

（五）精准扶贫、精准脱贫，决胜全面建成小康社会
　　（2011年至今）　124

四、新时代中国扶贫开发工作的体制机制及政策创新　124

五、中国精准扶贫加速世界减贫进程　128

六、新时代巩固拓展脱贫攻坚成果　129

七、巩固脱贫攻坚成果，推动重庆高品质生活民生建设　132

（一）重庆总体脱贫攻坚成果　132

（二）重庆脱贫攻坚案例　133

（三）重庆如何巩固脱贫攻坚成果提升高品质生活民生建设　147

第六章
重庆高品质生活的国际合作：
打造内陆高品质开放高地 151

一、西部陆海新通道与"一带一路"的重要意义　154

二、"一带一路"与西部陆海新通道的发展历程　158

三、西部陆海新通道现状分析　161

四、融入"一带一路"、畅通西部陆海新通道
　　对于重庆发展的重要意义　165

五、打造内陆开放高地，助力重庆创造高品质生活　170

（一）城市建设　170

（二）道路基础设施建设　171

结　语　173

后　记　177

第一章

习近平新时代中国特色社会主义思想指导下高品质生活城市建设的学理机制

习近平总书记强调："当前，我国社会主要矛盾已经转化为人民日益增长的美好生活需要和不平衡不充分的发展之间的矛盾，发展中的矛盾和问题集中体现在发展质量上。这就要求我们必须把发展质量问题摆在更为突出的位置，着力提升发展质量和效益。"这是站在实现"两个一百年"奋斗目标的历史交汇点上，胸怀中华民族伟大复兴战略全局和世界百年未有之大变局作出的重大判断，"高质量发展是'十四五'乃至更长时期我国经济社会发展的主题，关系我国社会主义现代化建设全局"。党的二十大报告强调，坚持把实现人民对美好生活的向往作为现代化建设的出发点和落脚点，要坚持在发展中保障和改善民生。建设美丽重庆是践行习近平总书记生态文明思想、落实美丽中国建设战略的实际行动。时任中共重庆市委书记的陈敏尔强调，全市上下要深入贯彻落实习近平总书记对重庆所作重要讲话和系列重要指示批示精神，坚决拥护"两个确立"、做到"两个维护"，奋进新征程、建功新时代，谱写高质量发展高品质生活新篇章，更好地把习近平总书记殷殷嘱托全面落实在重庆大地上。

本章探讨习近平新时代中国特色社会主义思想指导下高质量发展、高品质生活与中国式现代化建设的理论逻辑。高质量发展是全面建设社会主义现代化国家的首要任务，共同富裕是中国特色社会主义的本质要求。高质量发展为共同富裕条件下的高品质生活提供必要物质基础条件，高品质生活为高质量发展提供优质人力资本和创新活力，二者辩证统一，构成以中国式现代化全面推进中华民族伟大复兴的关键目标任务。本章从中国经济发展的一般性规律和当前面临的结构调整压力着手，提出应基于中国国情和中国式现代化的特征，从建设层次分明的高品质生活宜居城市群、以科技创新和产业升级赋能中心城市发展、促进城市群内部的同城化发展、推进城乡融合发展四个维度入手推进中国式现代化。

一、解读现代化建设目标与高品质生活实践

新中国成立特别是改革开放以来，在中国共产党的领导下，中国经济取得了举世瞩目的成就，由一个贫穷落后的农业大国转变为一个欣欣向荣、充满活力的工业化国家，完成脱贫攻坚、全面建成小康社会的历史性任务。党的二十大报告提出："从现在起，中国共产党的中心任务就是团结带领全国各族人民全面建成社会主义现代化强国、实现第二个百年奋斗目标，以中国式现代化全面推进中华民族伟大复兴。"国家现代化是中华民族百年夙愿和长期奋斗的目标，中国式现代化既有世界各国现代化的一般特征，遵循人类社会发展进步的客观规律，又有社会主义中国所特有的时代烙印。

伴随着中国产业链技术水平逐渐接近全球技术效率最前沿，以及资本边际报酬递减，中国经济增长速度发生趋势性变化，从原来追赶型的高速增长转向经济新常态下的中高速增长。经济由高速增长转变为高质量发展是中国经济发展的重大逻辑转变，也是中国共产党基于新发展阶段的中国经济发展客观规律所作出的重大战略研判。经济高质量发展阶段，中国经济将由高投入、高耗能、高排放和低效率的粗放型经济增长转向以技术进步为主要驱动力的高效率集约型经济增长，并伴随着经济结构的不断调整和优化。高品质生活是全体人民共同富裕的终极追求，也是中国共产党团结带领全国各族人民以中国式现代化全面推进中华民族伟大复兴的使命担当。

中国式现代化的五大特色是"人口规模巨大的现代化""全体人民共同富裕的现代化""物质文明和精神文明相协调的现代化""人与自然和谐共生的现代化""走和平发展道路的现代化"，党的二十大把高质量发展明确作为全面建设社会主义现代化国家的首要任务。高质量发展是创造高品质生活的前提条件，高品质生活反过来为高质量发展提供优质的人力资本和万众创新活力，是党群联

结、社会和政治长期稳定的根本保障，是中国式现代化有别于其他国家现代化的重要特征。因此，推动高质量发展与创造高品质生活之间是辩证统一的逻辑关系，这一关系指明了中国式现代化奋斗目标的努力方向，丰富了中国经济社会持续高质量发展的基础理论，为解决中国新阶段社会主要矛盾提供了新的战略思路，特别是为如何推进城市、区域、城乡绿色协调发展，实现全体人民共同富裕目标提供了重要的方向指引。

二、中国式现代化的基础条件

实现高质量发展是创造高品质生活的前提条件，实现中华民族伟大复兴是全国人民的共同心愿和奋斗目标，中国经济发展的长期实践创造了经济快速发展和社会长期稳定两大奇迹，为人类实现现代化提供了新的选择，奠定了中国式现代化的基础条件。中国经济总量增长和人均GDP向跨越"中等收入陷阱"方向发展，经济增长为实现中国式现代化提供了至关重要的物质基础及条件。党的十八大以来，中国的国内生产总值从2012年的54万亿元增长到2022年的121万亿元，名义增幅达124%。中国经济总量占世界经济的比重由1990年的1.6%提高到2022年的17.9%（见图1）。中国经济总规模在全球各大经济体中的排名由世界第六位跃升至第二位，2022年按名义汇率计算的经济规模为美国的71%。从发展趋势来看，近30年美国国内生产总值占全世界的比重在21%~32%之间波动，2022年占全世界所有国家总产出的25.3%。与美国相比，中国国内生产总值占全世界的比重保持了30年的持续增长态势。只要中国经济能够保持这一持续增长的趋势，可以预期到2035年基本实现社会主义现代化时，中国经济占全世界的比重能够与美国处于同一水平，甚至超越美国成为世界第一大经济体。这一此消彼长的经济发展态势，是党中央作出"百年未有之大变局"根本判断所依据的重要背景。

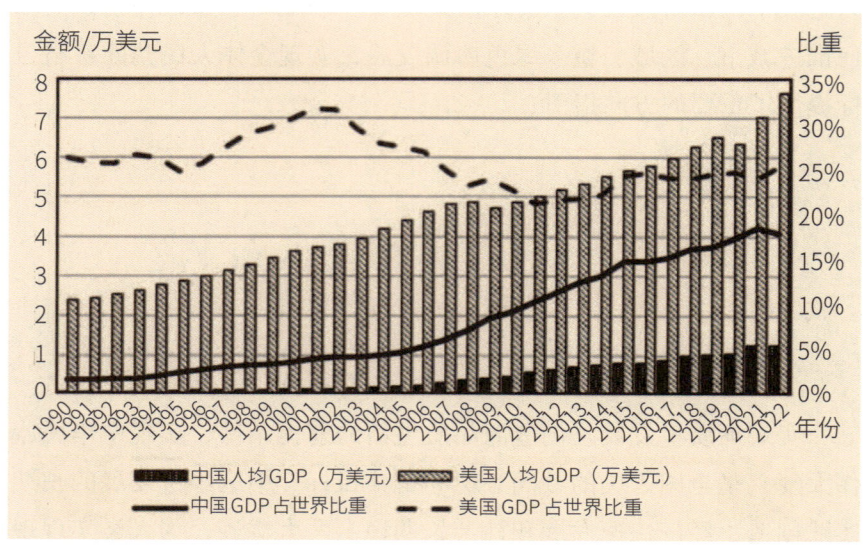

图1 中国经济占全球经济比重的持续增长（1990—2022年）

与中国经济占全球经济比重的持续增长相对应，2022年以名义汇率计算的中国人均GDP已经非常接近世界银行界定的高收入经济体人均GDP（GNP）的最低门槛，依托完善的产业链供应链格局，整体跨越"中等收入陷阱"成为不可逆转的发展态势，中国成为了第二次世界大战以来少数建立起完整工业体系并有较大潜力迈入高收入经济体行列的后发国家。"中等收入陷阱"是指发展中国家在经济发展过程中过于依赖自然资源、劳动力等比较优势，利用国际分工实现经济快速发展，但当人均收入达到1万美元以后，长期停滞在这一水平甚至出现倒退的现象。拉丁美洲的墨西哥、巴西、阿根廷、委内瑞拉，东南亚的菲律宾、泰国、马来西亚，以及南非和俄罗斯等国家，近几十年来长期处于中等收入经济体的行列，无法进行有效的经济结构调整，未能进入高收入经济体行列，或者短暂进入高收入经济体行列后出现各种各样的经济、政治（包括战争）、社会危机而再次（甚至是反复）陷入"中等收入陷阱"。实现中国式现代化必须借鉴这些国家的经验教训，探索出一条具有中国特色的发展道路，努力在进入高收入经济体行列后不会再次回到中等收入水平，这是新阶段中国可持续、高质量发展的基本要求。

中国是一个人口占全球近五分之一的大国，虽然中国目前人均GDP仅为美国的六分之一左右，但中国共产党带领全国人民跨越"中等收入陷阱"、全面消除贫困的实践已经深刻地改变全球经济政治格局。中国也是一个存在较大地区差异和城乡差异的国家，部分发达地区、经济中心城市已经接近高收入经济体的发展水平，而中西部地区尚有大量人口刚刚摆脱贫困。这一客观情况意味着中国经济在人均收入层面还有较大的提升空间，特别是通过发达地区、中心城市的辐射带动作用，通过先富带动后富，人力资本和技术的溢出效应能够缩小地区之间和城乡之间的人均收入差距，进而助力跨越"中等收入陷阱"的中国经济在人均水平上向高收入国家迈进，加上现代化交通基础设施建设、人工智能、大数据技术革命及渗透，使中国具备了许多其他国家所没有的规模经济和范围经济效率。

经济发展过程中不仅有总量增长，而且有结构变迁。一百多年前，美国制造业规模超过英国并一直保持全球制造业第一大国的地位，直至最近十多年被中国超越，美国和中国的突起和跨越式发展成为近代和现当代世界经济发展史上的两个重要里程碑事件。2010年，中国制造业增加值按汇率折算首次超过美国，成为全球制造业第一大国。2020年，中国制造业增加值达到3.86万亿美元，与2010年相比翻了一番，占世界总量的28.4%，是美国的1.65倍。由于未能赶上第一次工业革命和第二次工业革命，一百多年前中国曾经陷入积贫积弱的境地。新中国成立以来，完成国家工业化一直是中国共产党带领全国各族人民努力奋斗的目标。改革开放以前，中国采取计划经济体制以高积累的方式优先发展重工业和军事工业。改革开放后，通过发挥比较优势积极融入全球化分工体系，中国的制造业已经发展为全球最为重要的生产中心节点，不仅能够满足国内需求，而且为全世界提供多种多样的工业制成品，成为中国经济乃至全球经济最为强劲的增长引擎。

目前，中国制造业已经具备较为完备的产业链供应链体系，除少数高端零部件尚需从发达国家进口外，大量工业产品和零部件均能依靠国内配套厂商完成产品集成，不仅能够生产劳动密集型的初级工业产品，而且正在不断向制造业价值链的高端攀升，成为构建国内国际双循环相互促进新发展格局的核心力量。从制造业占国民经济的比重来看，过去十余年间，全世界整体的制造业增加值占国内生产总值的比重维持在16%左右。以美国为首的工业化国家服务业相对发达，美国制造业增加值在国内生产总值中的占比约为11%。随着国内消费驱动服务业的蓬勃发展，中国制造业增加值占国内生产总值的比重由2010年的31.6%下降至2020年的26.3%，但仍高于世界平均水平10个百分点。中国制造业占比大的经济结构一方面反映出中国经济在工业生产上的比较优势，另一方面也表明通过持续的经济结构优化，合理扩大服务业占比，中国经济仍有较大的增长潜力和空间。未来一段时期中国在制造业规模保持稳定增长的同时，可以通过不断提高经济结构中的服务业占比，使经济结构和规模达到中等发达国家水平。由此可见，不断调整优化经济结构，寻找最有利于长期可持续的经济增长模式，在中国式现代化进程中仍将继续发挥重要作用，从而推动中国经济的高质量发展。

在创造发展成就的同时，实现高品质生活追求还有一些方面存在不足，其中一大突出的结构性问题在于消费在中国经济中发挥的作用还不够充分，人民对高品质生活的追求尚未满足。构建以国内大循环为主体的新发展格局意味着生产、分配、流动、消费等环节将更多地依托国内市场。从支出法国内生产总值反映的经济结构来看，近20年来中国居民消费占国民总支出的比例从2000年的47%下降至2021年的38%，降低了近10个百分点。在经典的经济增长理论中，经济增长的目的是为了跨期消费最大化，储蓄率过高会直接压低当期的消费水平，而储蓄率过低会减少投资，使未来的产出减少，进而减少未来的消费。因此，经济增长模型中存在能够促使长期消费最大化的"黄金储蓄率"及其对应的最优的消费水平。

伴随着中国的消费率偏离最优水平且持续走低，资本形成占支出法GDP的比重一度从33.7%增加到47%，接近一半的经济产出被用于扩大再生产。由于存在资本边际报酬递减的客观经济规律，高储蓄率带来的高增长只能在有限的时间内维持较高的经济增长速度，随后就会出现需求不足、投资效率降低等结构性问题。中国经济过去几十年采取扩大政府购买和刺激出口的方式从需求侧来保障经济发展的内生动力，直接后果就是居民消费增速低于国民经济整体增速、城乡居民消费水平与经济发展水平不匹配，经济增长带来的成就尚未在居民消费领域中得到充分体现，经济发展的好处尚未体现为人民的高品质生活。

2020年中国全面建成小康社会，实现了第一个百年奋斗目标，但提高居民消费在国民经济中的占比仍有较大的空间。中国的居民最终消费率不仅远低于美国、日本、德国等发达经济体，而且落后于金砖国家的平均水平。纵观世界主要经济体的最终消费率水平，大多数国家处于50%~60%之间。美国由于美元和美国国债在全球贸易体系中的特殊地位，长期维持高贸易逆差和国际资本净流入，居民最终消费率长期高达68%左右，直接的结果就是中产阶级规模庞大，普遍享受高消费支撑的高品质生活。由此可见，高品质生活与居民消费息息相关，通过努力提高劳动报酬在初次分配中的比重，提高居民可支配收入在国民收入分配中的比重，提高全民医疗、教育、养老等方面的公共服务水平及质量，进而提高居民消费在国民经济中的占比，才能有效增进民生福祉、提高人民生活品质，同时促进国民经济可持续、高质量发展。

总的来说，党的十八大以来，中国在经济建设领域取得了举世瞩目的成就，消除了绝对贫困，全面建成了小康社会。从2000年到2035年基本实现社会主义现代化，中国经济具备强劲的持续增长动力，同时也面临前进道路上的各种挑战。中国在经济结构层面面临的挑战主要表现为：一是在保持制造业规模和国际竞争力的前提下，持续扩大制造业之外高回报行业和产业在国民经济中的比重，实现经济高质量发展；二是通过提高居民消费在国民总支出中的占比，以消费驱动的国内大循环体系为基础，提高劳动报酬在初次分配中的比重，实现人民群众的高品质生活。

三、实现高质量发展和高品质生活的逻辑起点：中国式现代化的内涵特征

现代化是工业革命以来人类社会发生的深刻变革。在这一变革过程中，从农业社会进入工业社会的国家率先实现了从自给自足的小农经济向经济分工、产业循环的转变，专业化分工使得社会生产力获得了极大的释放，进而带来了社会财富积累加快，社会各领域的形态也发生了根本性变化。现代化国家由于率先进入工业化和信息化社会，其经济社会发展水平处于人类社会发展的最前沿。

人类文明进程螺旋式上升，永无止境，世界各国现代化的发展历程也是非线性和不连续的。一些国家可能在一定的历史时期在现代化进程中取得优势地位，但后发国家仍有机会对其进行赶超，进而最终实现现代化。中国是一个全球人口大国，也是具有独特优势

的社会主义国家，在这样一个人口大国实现现代化，意味着将有比目前所有发达国家人口总和还要多的人口可以过上现代化的生活，其所释放出来的巨大生产力和消费潜力将显著改变当今世界的经济政治版图。

党的二十大报告中明确指出，中国式现代化的五大特征是"人口规模巨大的现代化""全体人民共同富裕的现代化""物质文明和精神文明相协调的现代化""人与自然和谐共生的现代化""走和平发展道路的现代化"。一方面，区别于西方发达国家工业革命以来长期占据全球经济领先位置，中国经济崛起和现代化带有典型的赶超式发展特征。与赶上工业革命浪潮、率先实现现代化的西方国家不同，新中国成立之初是一个全面落后于世界先进水平的后发国家。后发国家一方面具有从发达国家模仿引进先进技术、人力成本相对较低的特征优势，另一方面在全球化过程中被长期锁定在国际分工的低端，关键核心技术存在被发达国家"卡脖子"而难以实现产业升级的不利因素。中国利用其巨大市场规模的优势及自我创新的强大能力，在制造业规模世界第一的条件下，努力向全球产业链和价值链的中高端攀登，是中国式现代化的关键内涵。在中国式现代化的演进过程中，将不可避免地与现有的现代化国家展开激烈的竞争，并由此产生一系列不可预估的风险及挑战，包括脱钩、贸易摩擦、技术封锁等。迎着一切困难及挑战奋勇前进，坚定道路自信、理论自信、制度自信、文化自信，在国与国之间的激烈经济竞争中争取有利地位，实现对发达国家的赶超和中华民族伟大复兴，是中国共产党带领全国各族人民努力奋进的前进方向，也是中国式现代化最突出的特征。

另一方面，中国式现代化是社会主义现代化，是全体人民共同富裕的现代化，要求将现代化建设成果更多更公平惠及全体人民。中国共产党秉持以人民为中心的发展思想，在改革开放之初，就提出了"允许一部分人和一部分地区先富起来，先富带动后富，逐步实现共同富裕"的思想。共同富裕是社会主义的本质要求和奋斗目标。工业革命以来，西方国家的现代化历程充满了资本主义的劣根性，其国家机器为资本服务，从未将消除不平等及其他贫困作为其经济社会发展目标，历史上甚至通过对外侵略战争谋求殖民地、原材料和工业产品倾销地。虽然西方国家在完成工业化和信息化之后，伴随着工业产品的丰富、社会财富的积累，大量国民生活也随之进入现代化社会，但其经济制度安排中从未对穷人和社会弱势群体给予系统化的支持。就算是西欧发达资本主义国家优厚的社会福利制度，其本质特征也还是为了维持统治阶级的长期利益，而非让低收入和贫困人群真正作为国家的主人。在每次经济危机演进到最困难的时候，"社会福利"就会被直接或间接地弱化，以致实际转移收入增速明显低于生活成本上升速度。

此外，那些长期依靠"社会福利"过日子的穷人失去了自我奋斗的意志，其后代也有很高的概率成为新一代依靠"福利"而生存的人。中国共产党对社会公平正义非常重视，实施精准扶贫、精准脱贫战略，打赢了人类历史上规模最大的脱贫攻坚战，历史性地解决了绝对贫困问题。中国式现代化以维护人民根本利益、增进民生福祉为根本目标，不断实现发展为了人民、发展依靠人民、发展成果由人民共享。中国的脱贫政策及实践，不仅有效克服了绝对贫困，而且激发了全体人民真正作为国家主人的奋进精神，这样的现代化一定有别于西方世界的现代化。

中国式现代化的两大关键内涵特征决定了在赶超西方国家的过程中，中国经济将由高速增长转变为高质量发展，从而在国内与国际竞争中取得竞争优势；另一方面也要求普通中国人的收入水平和消费水平大幅提高，以现代化的生产方式创造现代化、高品质的生活。因此，从中国式现代化的内涵特征中，可以提炼出中国全面建成社会主义现代化强国奋斗征程上经济高质量发展和人民高品质生活两大关键目标。

四、怎样理解"创造高品质生活"

2018年全国两会期间，习近平总书记在参加重庆代表团审议时强调，要"努力推动高质量发展、创造高品质生活"。高品质生活，就是人民群众对经济、政治、文化、社会和生态各个方面的美好需要，都能得到更好保障和满足的生活。创造高品质生活，既是共产党人初心和使命在新时代的具体体现，也是党领导人民群众不懈奋斗的目标追求；既须着眼长远，也须立足当前；既须久久为功，也须持续用力，必须着力满足人民群众对美好生活的需要，创造高品质生活必须以高质量发展为前提，创造高品质生活需要我们每一个人继续付出辛勤劳动和艰苦努力。

创造高品质生活必须着力满足人民群众对美好生活的需要。习近平总书记强调："人民对美好生活的向往，就是我们的奋斗目标。"人民对美好生活的需要，包括生存型和发展型两类。当前，中国社会主要矛盾已经转化为人民日益增长的美好生活需要和不平衡不充分的发展之间的矛盾。与之相适应的，就是人民对美好生活的需要，已经从以满足人自身生存需要为主要目标的生存型阶段，转入以追求人自身发展为主要目标的发展型新阶段。发展的主要目标也从解决人民群众的温饱问题转变到保障人的发展权、促进人的自身发展方面。

创造高品质生活，一要着力解决贫困问题。实现到2020年全面建成小康社会目标，使低收入人群达到"两不愁三保障"，满足人民群众衣食住行等基本需求。二要补齐民生短板。认真实施以需求为导向的保障和改善民生行动计划，切实解决人民群众普遍关心的就学难、读书贵，就医难、看病贵，房价高等问题。三要关注社会问题。切实解决大城市病，打好"三大攻坚战"，关注外来务工群体、农村留守儿童、孤寡老人等普遍性问题，一切以人民为中心，着力解决好人民最关心最直接最现实的利益问题，不断增强人民群众获得感、幸福感、安全感。

创造高品质生活必须以高质量发展为前提。推动高质量发展与创造高品质生活，是内在联系、有机统一的，高质量发展是高品质生活的前提和基础，高品质生活是高质量发展的目标和要求。重庆要立足"两点"定位，努力建设内陆开放高地和山清水秀美丽之地，以高质量发展创造高品质生活，以高品质生活推动高质量发展。一要围绕推动高质量发展，深入贯彻新发展理念，以供给侧结构性改革为主线，聚焦质量、效益、动力三大变革，全面实施大数据智能化为引领的创新驱动发展战略行动计划，加快实现从价值链低端向产业链中高端跃升，从投入高产出低环境代价大向投入少产出高环境代价小转变，从传统要素驱动向创新驱动转变，大力推进产业绿色化、智能化、集约化、特色化发展。二要着力建设完整的数字经济生态体系，在推进集成电路、汽车电子、智能机器人等硬件产业发展的同时，同步推进大数据、人工智能、智能超算、软件服务、物联网等软件产业发展。三要抓紧建立推动高质量发展的工作体系，加快形成能够全面反映高质量发展内涵的指标体系、政策体系、标准体系、统计体系和绩效评价体系，坚持过程督导与结果导向。

与此同时，创造高品质生活还需要我们每一个人继续付出辛勤劳动和艰苦努力。习近平总书记指出："创造全体人民更加美好的生活，任重而道远，需要我们每一个人继续付出辛勤劳动和艰苦努力。"创造高品质生活，绝对不是靠"好高骛远喊口号、寅吃卯粮吊胃口"吹出来的，绝对不是"坐在墙根晒太阳，等着别人送小康"等出来的，而是靠"撸起袖子加油干"干出来的。邓小平同志在改革之初曾告诫全党："世界上的事情都是干出来的，不干，半点马克思主义都没有。"正如习近平总书记强调的："有梦想，有机会，有奋斗，一切美好的东西都能够创造出来。"

一要艰苦奋斗再创业。行百里者半九十。习近平总书记指出，我们"决不能因为胜利而骄傲，决不能因为成就而懈怠，决不能因为困难而退缩"。对重庆而言，就是要按照这"三个决不能"的要求，以山城人民真抓实劲、敢抓狠劲、善抓巧劲、常抓韧劲，重整行装再出发。在"再"字上下功夫，赓续不断、再接再厉；在"创"字上下功夫，闯字当头、新字当先，奋斗在其中；在"业"字上下功夫，让每个人干出大小业绩，汇聚成建设"两地""两高"的丰硕成果。二要让全体人民共享成果。国家建设是全体人民共同的事业，国家发展过程也是全体人民共享成果的过程。创造高品质生活，就是要让阳光洒满每一个角落，让人民共享改革发展的成果，真正在幼有所育、学有所教、劳有所得、病有所医、老有所养、住有所居、弱有所扶上持续取得新进展，不断实现好、维护好、发展好最广大人民根本利益。三要把握共建与共享的辩证法。共享高品质生活需要共同建设，共同建设的根本目的也是为了共享高品质生活。只有牢牢把握共建与共享的辩证法，在全社会营造人人参与、人人尽力、人人享有高品质生活的氛围，以共享引领共建、以共建推动共享，才能厚植高质量发展优势，提升高品质生活境界。

五、推动高质量发展与创造高品质生活内在统一、互为支撑，在中国式现代化进程中发挥着关键作用

在全面建设社会主义现代化国家的征程中，努力实现经济高质量发展和人民高品质生活是党的十八大以来中国经济发展的主线。

党的二十大报告对新时代十年的伟大变革进行了全面总结，并对加快构建新发展格局、着力推动高质量发展进行了全面部署。推动高质量发展、创造高品质生活对中国式现代化具有重要的支撑作用，同时，高质量发展与高品质生活之间也存在内在统一、互为支撑的辩证关系。

推动高质量发展是中国式现代化的必然要求。新中国成立以来，中国共产党带领全国各族人民艰苦奋斗，将中国从一个贫穷落后的农业大国建设成为一个工业门类齐全、充满创新活力、人民安居乐业的工业化国家，人均国内生产总值不仅已经超过全球平均水平，而且在全国范围内彻底消除了绝对贫困，全面建成了小康社会，正在奋力朝着实现中华民族伟大复兴的目标努力前行。尊重经济发展根本规律，坚持马克思主义时代化中国化和中国共产党领导，坚持以人民利益为中心和科技创新为主动力的发展理念，坚持社会主义市场经济发展方向和高水平对外开放，是中国取得一个又一个经济社会发展成就的关键。

经济增长中存在"后发优势"现象，也就是说发展水平相对较低的经济体可以通过引进资金、技术等手段实现一段时期的经济高速增长。但随着资本边际报酬递减和逐渐接近全球技术前沿，跨越"中等收入陷阱"的后发国家往往面临经济增长速度趋缓的困境。中国经济目前正处在产业链价值链爬升的关键阶段，经济增长的源动力正从劳动密集型向技术和资本密集型转变，从模仿引进吸收国外先进技术为主向自主研发转变，从吸引外商直接投资为主向吸引外资和对外投资并举的方向转变。因此，立足中国经济新发展阶段，适时调整经济发展目标和调控手段，就成为当前经济建设领域的重要命题。

党中央统筹中华民族伟大复兴战略全局和世界百年未有之大变局，审时度势提出加快构建新发展格局，着力推动高质量发展。中国的经济发展由单纯追求数量增长，转变为兼顾质的有效提升和量的合理增长。高质量发展阶段中国经济增长的速度可能会有所放缓，但中国建设社会主义现代化强国、实现中华民族伟大复兴的历史进程将不可逆转地稳步推进。在这一过程中，基于中国国情，要在十四亿人口大国实现现代化和全体人民共同富裕，必须持续不断地激发经济发展活力，通过加快构建以国内大循环为主体、国内国际双循环相互促进的新发展格局，推动经济高质量发展。

创造高品质生活是中国式现代化的其中一大奋斗目标。高质量发展创造的丰富物质产出有助于推进中国式现代化，为满足人民日益增长的美好生活需要、消解不平衡不充分发展带来的民生问题提供必要的物质条件。为民造福是立党为公、执政为民的本质要求，共同富裕是中国共产党以人民为中心的发展思想的关键特征，只有实现全体人民共同富裕、拥有高品质生活的现代化，才能真正体现社会主义制度的优越性。

经济循环包括作为一个整体的生产、分配、流通、消费全过程。在社会主义市场经济中，活跃的消费市场为生产过程提供对资源高效配置至关重要的价格信号，用"看不见的手"引导全社会高效参与整个经济循环。高品质生活对共同富裕的要求不仅体现为分配过程中的按劳分配为主体、多种分配方式并存，坚持多劳多得，鼓励勤劳致富，而且反映在交换和消费过程中的最终消费水平和消费质量上。只有广大人民群众获得感、幸福感、安全感更加充实、更有保障、更可持续，高品质生活才能落到实处。

市场经济中存在"需求牵引供给、供给创造需求"的动态平衡规律。富裕起来的人民群众对高品质生活追求带来的消费升级，一方面通过需求牵引供给，促进了国内大循环，使能够满足人民群众对高品质生活需求的产品赢得市场，获得丰厚的商业回报；另一方面，企业通过对市场的分析，找准人民群众对高品质生活的未来需求，也能够通过供给创造需求，抢占市场先机，在市场竞争中占据有利位置。因此，在经济循环中创造高品质生活既是满足人民群众日益增长的美好生活需要的根本要求,又是新发展阶段推进高质量发展的重要驱动力。

高质量发展与高品质生活内在统一、互为支撑。现代内生经济增长理论认为经济能够不依赖外力推动实现持续增长,并从理论上证明了内生的技术进步能够保证经济长期持续增长,产品种类增加、产品质量升级、专业化加深等特征均被纳入广义技术进步的研究范畴。与传统的资本、劳动等要素投入驱动的经济发展模式不同,新发展格局背景下的高质量发展就是要依靠技术进步和效率提升来驱动经济内生增长。供给侧生产出来的产品必须在需求侧形成有效需求才能完成经济循环过程。产品种类增加、产品质量升级、专业化分工加深等特征在消费端直接的体现就是广大人民群众生活品质的提高。因此,高质量发展为创造高品质生活提供了强有力的支撑条件。

与此同时,高品质生活本质上是人力资本的积累和再生产过程,人力资本积累及其再生产是一个经济体获得并保持国际竞争动态比较优势最重要的条件。通过追求高品质生活,在高品质生活中获得尊重和自我实现,广大人民群众不仅更愿意投入社会生产,而且愿意为提高自身的人力资本水平而积极参与教育、培训和工作经验积累等活动之中,从而提高全社会的生产效率。通过创造高品质生活改变人口过多集中在少部分城市和地区的被动局面,让高品质生活能够在全国任何一个城市或乡村得到实现,让全国任何一个城市或乡村都能够给经济高质量发展注入强劲动力。由此来看,高品质生活也能成为高质量发展的驱动力,为中国式现代化提供重要的人力资本基础。

实现高质量发展和高品质生活驱动的内生增长新模式,一要关注人口和人力资本的区域协调发展,创造人力资本在全国范围内不断增值的局面,进而实现制造业数字化转型,促进高端服务新业态全面发展;二要强化政府作为公共品供给者的作用,完善公共服务体系，破解民生难题，特别是解决好住房、教育、医疗、养老等重大民生问题，在社会经济不断发展、人均收入水平不断提高的同时，缩小城乡、区域、阶层之间的收入差距，提高广大人民群众的获得感和幸福感；三要提高劳动在要素回报中的占比，实现收入分配合理和社会机会公平，使全国人民形成积极向上的精神面貌，创造高品质生活合力，为经济高质量发展提供取之不尽、用之不竭的动力。

六、依托城市群发展实现高质量发展、高品质生活，助力中国式现代化的策略

中国正在经历人类历史上规模最大的城市化进程。随着人口不断流向城市，城市规模不断壮大，中国经济的城乡二元结构逐步消融，各城市间的交流联系变得更加紧密，并逐渐联结成片，形成了一批粗具规模的城市群。从高质量城市群发展和高品质城市生活入手，缩小地区之间的经济社会发展差距，实现全国性的均衡增长，释放全域性各种生产要素的发展潜能和内生增长动能，对于有效破解人民日益增长的美好生活需要和不平衡不充分的发展之间的矛盾、实现中国式现代化意义重大。实现高质量发展与高品质生活可以从以下四点发力。

（一）着力推动建设层次分明的高品质生活宜居城市群

现代化城市是集聚经济要素资源、实现高质量发展的重要载体，同时也为高品质生活提供了基础条件。中国的城镇化进程与工

业化进程关系密切。在从农业社会向工业社会的转型过程中，中国呈现典型的城乡二元经济结构，大量农村劳动力进入城市工业部门务工，为中国参与全球经济分工提供了重要的劳动力资源。

城市空间形态的演变具有其自身特征，人口大规模集聚在少数几个大城市将带来严重的"城市病"，包括房价高昂、交通拥堵、优质教育医疗资源不足等问题难以解决。随着高铁、高速公路、互联网络等现代交通通信基础设施的发展，大城市功能具备逐步向周边卫星城市疏导，构建起结构合理、功能互补的城市群以承担经济中心职能的物质基础和技术条件。城市群是指在一定地域范围内，以一个或几个超大或特大城市作为地区经济的核心，借助于现代化的交通工具和综合运输网络的通达性以及高度发达的信息系统，由相当数量的不同性质、类型和等级规模的城市共同构成的一个相对完整的"集合"。城市群的发展强化了城市之间的联系，一方面加速了其范围内生产要素的流动与集聚，优化了资源的配置；另一方面，城市之间功能分工日益明显，地区产业结构优化，为推动经济高质量发展提供了重要动力。

城市不仅是要素集聚的生产中心和工作所在地，更是广大人民群众生活的场所。在过去几十年的发展历程中，中国的城市建设较多地考虑生产属性，对生活属性关注不足，兴建了大量的大马路、大广场和工业园区，大城市中心城区地价房价高昂，上班族职住分离，大量社会财富和宝贵精力被浪费在克服大城市带来的诸多不便上，整体上降低了中国经济的运行效率。特大城市和区域中心城市市民的高品质生活首先就是要依托城市公共服务和公共资源保障和改善民生，全面推进幼有所育、学有所教、劳有所得、病有所医、老有所养、住有所居、弱有所扶，不断改善人民生活、增进人民福祉，采取各种措施保障最有活力和创造力的年轻人在大城市通过个人努力能够过上体面的生活，实现中国梦，进而为国家现代化和社会进步不断创造出新的物质财富和精神财富。

在建设区域中心城市的同时，努力发展层次分明的区域经济副中心，辐射和带动比较偏远的广大城镇和农村发展，使后者既成为城市中心带的生产要素来源，又成为吸纳城市中心产业末端和希望回流小城镇和农村的人员，特别是退休人员以及渴望享受田园风光生活环境的城市人口的聚集地，使中心城区、城市副中心、外围城镇、边缘农村形成一个相互促进、相互补充，充满生产、生活、生态活力的立体空间，支撑区域经济可持续、高质量发展和人民群众高品质生活。

（二）坚持以科技创新和产业升级赋能中心城市发展

改革开放以来，中国经济取得的成就源于制造业的比较优势，并依靠全球化的历史机遇成功融入国际分工体系。高端制造业一般集聚在中心城市周边，以寻求良好的产业配套，并为城市发展赋能。未来相当长的一段时间，制造业仍然是中国经济的主要动力源泉，但随着其他发展中国家逐步建立相对于中国的低成本劳动力优势，中国必然以科技创新驱动向产业链价值链的上游攀登，与西方工业化国家展开激烈的产业竞争。

依托科技创新和产业升级赋能中心城市发展可从以下方面入手：一是发挥区域中心城市传统制造业优势，稳定工业生产，稳住地方经济大盘。二是通过技术创新和数字化转型，提高传统产业发展能级，突破产业长期发展的"天花板"，提高动态比较优势质量和国内外竞争能力。三是积极主动发展战略性新兴产业。有些业态的形成与发展没有先例可循，对科技创新要求极高，尤其是内陆地区战略性新兴产业基础落后、规模小，需要集中力量在锁定的领域通过科技创新实现"弯道超车"，打通产学研用各个环节堵点，勇于追赶和超越全球技术前沿，采取政府引导和市场机制相结合的方式来推动具有前瞻性的科技创新，着力打造数个具有全球竞争力的重点产业和大型跨国企业，突破技术发展瓶颈，增强摆脱技术封锁及国际技术竞争的博弈能力，创造更多、更高质量的高薪就业机会，牢牢把握中国式现代化发展的主动权及发展方向。

（三）促进城市群内部的同城化发展，提高城市群经济运行效率

城市群要发挥推动高质量发展和创造高品质生活的作用，就必须构建起现代化的城市基础设施体系，包括硬件上的基础设施和软件上的各种经济制度安排。一要加强城市群内部中心城市相向发展、形成合力。例如，成渝地区双城经济圈的成都和重庆需优势互补，构建强大的成渝经济走廊；辽中城市群中的大连和沈阳应该联动发展打造规模更大的大沈经济带，并向北延伸与长春和哈尔滨一道形成东北城市经济主轴。二要推动区域内部人口、产业、科技、外贸外资、医疗教育、养老保险及其他社会服务等方面同城化发展，破除行政区域壁垒，提高规模经济、产业、生态和行政效益，依托城市群的规模经济为创造高品质生活提供基础条件。三要构建高水平对外开放新格局，以更加开放的定力应对日益复杂多变的国际形势，提高国内大循环的发展韧劲及回旋余地。特别是内陆地区对外开放，要坚持"以通道促物流，以物流促产业和园区发展，以产业促科技和制度创新"的发展思路，认真做到"以全局谋划一域、以一域服务全局"，努力推动"一带一路"、区域全面经济伙伴关系协定（RCEP）等双边及多边开放体系高质量发展，为区域中心城市现代化建设提供外生动力，增强中心城市对周边城市和地区的牵引溢出能力。

（四）统筹生产、生活、生态，推进城乡融合发展，创造惠及全体人民的高品质生活

中国式现代化是共同富裕的现代化，是惠及全体人民的现代化。依托城市群推动高质量发展和创造高品质生活，并不意味着不顾及广大农村地区的居民，反而应发挥城市群和农村地区各自的优势，通过优势互补实现更高水准的均衡发展。一要大力发展县域经济，以持续高质量发展带动生态文明建设，以生态文明建设提升经济社会发展的品质和效率。二要通过乡村振兴提高广大农民的生产生活水平，推进城乡融合发展，缩小城乡生活和社会发展差距。三要通过绿色发展提高全要素生产率，做好各个生产生活环节的节能减排工作，持续提高经济社会发展质量。四要统筹水源地、生态园区环境保护工作，建立健全生态补偿机制，提高全域性和全社会的碳汇能力，真正做到"生产、生活、生态"效益相统一。

第二章

重庆创造高品质生活的城市建设战略规划：推动双城经济圈建设

以国内大循环为主体、国内国际双循环相互促进的新发展格局是中国新时代应对国内外各种挑战与风险、开启社会主义现代化建设新征程的重大战略部署。构建"双循环"新发展格局，需要促进区域经济均衡增长，形成强大而富有韧劲的全国性空间经济地理结构。2023年3月，重庆公开了《重庆市推动成渝地区双城经济圈建设行动方案（2023—2027年）》，该行动方案指出要奋力推动成渝地区双城经济圈建设走深走实，聚力形成更多具有重庆辨识度的标志性成果，争当西部地区高质量发展排头兵，打造具有全国影响力的科技创新基地，勇当内陆省份改革开放探路先锋，加快建设高品质生活示范区，更好服务国家区域发展大局、内陆改革开放大局、长江经济带绿色发展大局，促进共同富裕大局。

本章探讨重庆在创造高品质生活的过程中如何制定高质量城市建设战略规划，以实现国家发展目标，提高居民生活质量。中央提出构建以国内大循环为主体、国内国际双循环相互促进的新发展格局是中国新时代应对国内外各种挑战与风险、开启社会主义现代化建设新征程的重大战略部署。构建"双循环"新发展格局，需要促进区域经济均衡增长，形成强大而富有韧劲的全国性空间经济地理结构。本章从成渝地区双城经济圈发展视角出发，着重分析区域经济均衡增长的重要性及实现路径。成渝地区双城经济圈建设，不仅是中国西部大开发战略的重要支撑，也是构建中国"双循环"新发展格局的重要内涵。基于"马阵跨阱""板链拉动"等内生经济增长理论，本章提出区域内部和区域之间经济均衡增长是构建"双循环"新发展格局的两个必要条件。成渝地区双城经济圈建设，不仅需要促进双城经济圈内部的均衡增长，进而带动西部12个省市自治区实现超越式发展，还需要与全国其他区域经济板块，特别是京津冀、长三角和粤港澳大湾区构成强大的空间经济地理架构，为全国经济可持续高质量发展提供强劲动力。

一、"双循环"与"双城经济圈"提出的背景

经过40多年的改革开放，特别是2001年加入世贸组织（WTO）以来，中国已经融入了世界经济的大循环之中，深度参与全球产业链、供应链和技术链的分工与协作，充分发挥本国相对比较优势，通过吸引外资、促进出口、提高国内生产效率，实现经济长期不间断快速增长。2020年中国国内生产总值（GDP）首次突破100万亿元大关，高达101.6万亿元。人均GDP连续两年超过一万美元，超过了巴西和俄罗斯。按可比价格计算，GDP总量是1978年的40倍，年均增长率高达9%，创造了世界发展史上一个人口大国超长时间的快速增长纪录。

自从2008年全球金融危机爆发以来，世界许多国家，包括欧盟的主要成员国、英国、日本和许多拉丁美洲国家，经济陷入持续低迷状态，国际经济大循环对中国经济发展的驱动作用日渐衰弱，而中国正处于加快产业转型升级、实现创新驱动发展、增强经济增长动力的关键时期。与此同时，西方主要国家逆全球化与单边主义日趋严重，尤其是2018年以来持续升级的中美贸易摩擦和技术封锁，导致中国面临出口贸易受制和技术打压双重困境。2020年，突如其来的全球新冠肺炎大流行，加剧了大国之间，特别是中美之间的贸易和技术摩擦，全球产业链、供应链、技术链等面临着重大冲击和不确定性。中国在过去40多年的改革开放中所形成的市场和资源"两头在外"、以出口带动国内经济增长为导向的外循环经济发展模式，经历着国际局势不稳定、技术封锁、经济结构转型升级等多重考验。

面对日趋复杂的国际政治经济形势，中国提出建设"双循环"新发展格局和发展"双城经济圈"。2020年5月14日，中共中央政治局常委会会议首次提出，"深化供给侧结构性改革，充分发挥中

国超大规模市场优势和内需潜力，构建国内国际双循环相互促进的新发展格局"。同年8月24日，在经济社会领域专家座谈会上，习近平总书记进一步强调，"坚持供给侧结构性改革，扭住扩大内需这个战略基点，使生产、分配、流通、消费更多依托国内市场"，即以国内大循环为主体。

然而，中国目前存在着较为突出的区域发展不均衡问题，内陆与沿海地区、各区域内部在生产、技术、消费、对外贸易等方面存在较大差距，阻碍了人才、技术、资金等要素的畅通流动，不利于各地区协同发展，制约着中国内循环高效率运转。在此背景下，2020年10月16日，中共中央政治局召开会议审议《成渝地区双城经济圈建设规划纲要》，指出建设成渝地区双城经济圈，"有利于形成优势互补、高质量发展的区域经济布局"，"是构建以国内大循环为主体、国内国际双循环相互促进的新发展格局的一项重大举措"。在新的历史时期，成渝地区双城经济圈如何优化区域经济布局，在构建"双循环"新发展格局中不负使命，既是成渝地区双城经济圈发展的重要内涵，也是国家"双循环"新发展格局的重要举措。基于区域经济均衡增长视角，应用"马阵跨阱"和"板链拉动"理论，分析成渝地区双城经济圈建设如何在"双循环"新发展格局中发挥重要的示范及支撑作用，可以为中国应对内外各种挑战，抓住重大战略机遇，促进社会经济可持续高质量发展，开启社会主义现代化建设新征程，提供重要的理论支撑及决策参考。

二、区域经济均衡增长与"双循环"新发展格局的学理机制

构建"双循环"新发展格局的关键在于以国内大循环为主体，以扩大内需为主要战略基点，实现国民经济高质量发展，使生产、分配、流通、消费更多依托国内市场；通过科技创新，把握国内经济可持续发展主动权，推动更高水平和更高效率的对外开放，增强国内国际双循环相互补充的力度及韧劲。

大国经济发展具有内源特征，其国内丰富的自然与劳动力资源和市场需求潜力，足以支撑完整的产业体系，形成规模和范围经济，主动把握国际竞争比较优势的动态转变，形成经济内源式发展。"双循环"要以"内循环"为主体，依托中国超大规模市场，加快构建完整内需体系，推动国内消费能力释放，使内需成为国家经济增长的核心动力之一。这是由于中国幅员辽阔、人口众多、市场超大、产业体系完整、规模和范围经济巨大，具备实现以内需（包括国内投资和个人消费）为主拉动经济增长的条件。因此，构建"双循环"新发展格局的核心要义在于，充分发挥中国超大市场优势和内需潜力，构建强大而富有韧劲的国内大循环，即实现经济内生增长。

事实上，世界较大的开放经济体的发展都是以内需驱动为主，以外部市场作为补充的。如果以对外贸易总额占GDP的比重作为一个国家经济对外依存度的话，那么，美国和日本的对外依存度长期以来没有超过30%。中国的对外依存度在2006年达到64%的峰值以后就开始逐渐下降到目前的30%左右。20世纪70年代，西方国家经济滞涨，对外贸易受阻，美国逐步推动以"内循环"为主、居民消费驱动的经济发展模式，并延续至今。在长达将近半个世纪的时间里，内需一直是美国GDP最重要的组成部分。

时任国务院副总理刘鹤指出，构建"双循环"新发展格局，"要健全区域战略统筹、市场一体化发展等机制，优化区域分工，深化区域合作，更好促进发达地区和欠发达地区、东中西部和东北地区共同发展"。在构建"双循环"新发展格局中要格外强调区域均衡发展，这是由于区域经济均衡增长对构建"双循环"新发展格局、实现可持续高质量内生增长具有重要意义。畅通国内大循环、实现内生性增长的关键在于不断释放国内消费潜能。然而，提升国内消费能力，不能仅仅依靠少数发达地区和城市劳动生产率的提高，还要通过缩小甚至消除区域、城乡、工农之间的差距，从落后地区和广大乡村中寻求发展空间，挖掘全国一切生产要素潜力来实现，这是推动区域经济均衡增长的重要内涵，也是解决新时代"人民日益增长的美好生活需要和不平衡不充分的发展之间的矛盾"的实现手段。

实现内生增长的经济理论，可以用"马阵跨阱"和"板链拉动"来解释。"马阵跨阱"把中国所有城市比作一匹匹骏马，充分发挥各自自然和人力资源禀赋优势奔腾，形成由数百匹持续奔跑的骏马组成的马阵，带动全国跨越中等收入陷阱，进而实现社会主义现代化。在马阵中，以北京、上海、广州、深圳为龙头，南京、杭州、武汉、重庆、成都、天津、西安、郑州、济南、合肥、苏州、宁波等一批国家及区域中心城市紧随其后，其经济与科技发展动力强劲，地理位置优越并对周边城市和广大农村有强大的辐射牵引作用，形成马阵中的所谓快马。这些快马在自己奔跑的同时，能够带动它们周围的慢马共同奔跑，形成快马拉慢马、慢马追快马的磅礴之势，共同跨越"中等收入陷阱"。

在区域经济均衡增长中，实现"马阵跨阱"需要满足两个必要条件：一是快马在跨越中等收入陷阱以后还要继续奔跑，即发达城市在进入高收入阶段以后，还要通过技术创新和产业转型升级实现持续经济增长；二是慢马比快马要跑得更快，意味着落后城市和乡村的经济增长速度要高于发达城市,才能够实现区域经济均衡增长,在缩小区域经济发展差异中,释放全国经济增长潜力,提高国民经济抗击各种不确定风险的能力及韧劲。

要构建有效的"马阵跨阱"格局,需要依托"板链拉动"的发展模式作为支撑。"板链拉动"的"板"指的是城市集群或区域经济板块,"链"指的是高铁、高速公路、水路、航空及"互联网+"等有形及无形的链条。区域经济板块内部均衡增长能够释放内部经济增长潜力,是实现全国经济高质量发展的重要组成部分,可以通过优化区域内部产业结构和改善区域内部交通运输条件等措施来实现。进一步,区域之间的趋同发展,也需要上述所提到的"链"来促进区域之间的要素流通,降低区域之间商品和要素流动成本,从而实现发达经济板块拉动落后经济板块,实现不同经济板块之间的均衡增长,这是推动全国经济可持续发展的另一个重要组成部分。

经过改革开放40多年的发展,中国已经形成了包括京津冀、长三角、粤港澳大湾区、成渝、长江中游等20多个区域经济板块或城市群。每个地区经济板块中的经济中心城市通过聚集区域内部人力、技术、资金等要素形成产业集群,并充当本地区经济增长中心角色,在自身发展壮大的同时,能够辐射牵引周边其他城市和广大农村,带动整个地区实现区域内部经济均衡增长。由于政策、资源禀赋等条件上的差异,各板块之间发展不平衡,需要通过经济发达板块去拉动落后板块实现趋同发展。而高铁、高速公路、航空、"互联网+"等"链条"能高效地将各个板块联通起来,大幅度降低各个板块之间的要素及信息流通成本,极大促进生产要素、信息和技术的扩散速度和利用效率,从而实现区域之间的均衡发展。

因此,"马阵跨阱"是实现全国经济可持续增长的空间地理战略布局,而"板链拉动"是这一战略布局的实现路径。两者的核心要义在于缩小区域内部和区域之间的发展差距,促进趋同发展,从而做大做强国内市场。因此,畅通国内大循环和实现内生性增长,需要以"马阵跨阱"和"板链拉动"为理论支撑，加强各板块间联系，在内陆落后地区培育新的"快马"，促进所有板块经济趋同发展，实现全国经济可持续增长。

中国发展历程同样也证明了实现区域经济均衡增长、建立强大内循环的重要性。1997年亚洲经济危机爆发，中国外贸较为发达的东南沿海地区，面临着出口需求和外国投资下降的巨大压力，经济增速一度放缓。在此背景下，党的十五大工作报告中提出"要从多方面努力，逐步缩小地区发展差距"，"促进地区经济合理布局和协调发展"。从20世纪末到进入本世纪以来，"西部大开发""东北振兴""中部崛起"等一系列区域发展战略，都是为了实现全国性的区域经济均衡增长而制定的。与此同时，随着现代交通基础设施建设，特别是高铁建设的迅猛发展，区域之间的阻隔被大幅度弱化，内陆地区出现了许多发展势头良好的国家和区域中心城市或城市集群，成为中国不断缩小区域经济增长差异的重要推动力，已经成为全国经济持续高速发展的重要经济地理支撑。例如，过去10年，中国内陆地区涌现出如重庆、成都、武汉、长沙、西安、郑州等一批经济体量和人口巨大，发展速度超越全国平均水平的特大城市，为缩小中国区域发展差距，抵抗2008年金融危机和2020年新冠肺炎危机所带来的外部冲击，加速内陆地区对外开放，贡献了巨大力量。

通过计算省级人均GDP和人口计算省级基尼系数G，可以测量区域经济增长差距。通过表1可以看到，2000年至2020年期间的基尼系数及其分解的结果显示中国以省市自治区为单位计算的区域经济差距整体呈现下降趋势，省际之间人均GDP基尼系数从2000年的0.2607，下降到2020年的0.1933，下降幅度大于约26%。其中，反映东、中、西部区域之间的差距项，由2000年的0.2052下降至2020年的0.1178，下降幅度达43%，说明中国三大区域之间的经济发展差距显著缩小。尤其是在2008年世界金融危机以后的四年间，三大区域经济发展差异缩小最为明显，G_B从2008年的0.1853下降至2012年的0.1423，同一时期，中国GDP年均增长率为9.4%，远高于同一时期世界其他主要经济体的增长速度，说明中国通过区域经济均衡增长，不仅有效抵御了外部经济危机冲击，同时也保证了中国整体经济的健康快速发展。

表1 2001—2020全国区域经济差距基尼系数

年份	G	G_A	G_B
2000	0.2607	0.0499	0.2052
2001	0.2635	0.0512	0.2064
2002	0.2674	0.0505	0.2103
2003	0.2735	0.0561	0.2098
2004	0.2691	0.0550	0.2063
2005	0.2661	0.0542	0.2047
2006	0.2621	0.0533	0.2015
2007	0.2548	0.0524	0.1955
2008	0.2437	0.0504	0.1853
2009	0.2391	0.0499	0.1804
2010	0.2262	0.0502	0.1667
2011	0.2111	0.0481	0.1532
2012	0.2008	0.0472	0.1423
2013	0.1964	0.0475	0.1360
2014	0.1956	0.0490	0.1315
2015	0.2016	0.0510	0.1351
2016	0.2034	0.0530	0.1340
2017	0.2018	0.0544	0.1294
2018	0.1996	0.0557	0.1235
2019	0.1966	0.0555	0.1200
2020	0.1933	0.0550	0.1178

注：本表计算基尼系数时将全国各省分为东中西三大区域。东部包括北京、天津、河北、辽宁、上海、江苏、浙江、福建、山东、广东、海南；中部包括山西、吉林、黑龙江、江西、安徽、河南、湖北和湖南；西部包括四川、贵州、云南、西藏、重庆、陕西、甘肃、青海、广西、内蒙古、宁夏和新疆。

特别值得强调的是,在全球经济危机以后,中国积极推进"中部崛起"和"西部大开发"战略,内陆地区基础设施和产业体系逐步完善,成为支撑沿海发达区域经济持续增长的强大后盾,有效形成了全国"板链拉动"的发展态势。由于沿海经济增长中心距离内陆地区相对较远,难以有效带动内陆发展,因此,沿海地区带动内陆地区实现趋同发展的关键在于前者在自身经济持续增长的同时,通过技术、资金、产业的溢出及牵引,带动后者共同发展。因此,培育一批内陆经济增长中心,缩小内陆中心城市与沿海中心城市的发展差距,从区域内部中心城市"以点带面"的辐射作用,演进为"板链拉动",实现板块与板块之间的经济均衡增长,是中国构建国内经济大循环两个重要的组成部分。2001年至2020年间,沿海四大国家级中心城市(北京、天津、上海和广州)地区生产总值增长7.4倍,内陆五大国家级中心城市(重庆、成都、武汉、西安和郑州)增长11.5倍(表2),在内陆与沿海经济中心之间形成一个快马拉慢马,慢马奔跑速度超越快马的格局,这是区域经济增长差别显著缩小的具体体现。

表2 国家九大代表性中心城市经济增长(现行价格)

国家级中心城市	2001年(亿元)	2020年(亿元)	2020年/2001年(倍数)
北京	3862	36103	9.3
天津	1757	14084	8.0
上海	5258	38701	7.4
广州	2686	25019	9.3
重庆	2015	25003	12.4
成都	1492	17717	11.9
武汉	1348	15616	11.6
西安	734	10020	13.7

续表

国家级中心城市	2001年（亿元）	2020年（亿元）	2020年/2001年（倍数）
郑州	828	12003	14.5
沿海国家中心城市	13562	113907	8.4
内陆国家中心城市	6417	80359	12.5

资料来源：国家统计局。

进入2018年以来，逆全球化和贸易保护主义愈演愈烈，中美贸易摩擦不断升级。中国在11个先进制造业领域中，共有287项核心零部件、268项关键基础原材料、81项先进基础工艺、46项行业技术基础领域有待技术突破。西方发达国家采取一系列极端措施限制技术出口，打压中国高科技企业，中国产业链、供应链和创新链的安全面临严重威胁。以外循环为主的发展模式难以推动中国经济可持续、高质量发展。在此背景下，要充分发挥中国超大规模市场优势和内需潜力，完善内需体系和提高供给质量，构建以国内大循环为主的"双循环"新发展格局，有助于确保经济安全、摆脱技术封锁、提高经济发展质量。实施区域经济均衡增长战略，充分发挥各区域资源禀赋与比较优势，围绕产业链和价值链，调整和优化地区分工、联系与合作，是构建"双循环"新发展格局，推动新时代中国经济可持续发展的必然选择。

新时代构建"双循环"新发展格局需要看到中国区域发展不均衡问题依然突出，这既是阻碍经济发展的短板，也是中国经济可持续发展的潜力所在。2020年，中国东中西部地区人均GDP分别为9.09万元、5.90万元和5.57万元，中部与西部仅为东部的65%和61%（表3）。如果能够把中西部的人均GDP提高到东部地区的水平，就可以释放巨大的发展潜力，在"十四五"期间实现全面跨越中等收入陷阱的目标，为之后的社会主义现代化建设，奠定牢固的基础。

表3 2011—2020中国东中西部地区人均GDP

年份	全国（万元）	东部（万元）	中部（万元）	西部（万元）	中部/东部（%）	西部/东部（%）
2011	3.65	4.93	2.87	2.57	58.27	52.18
2012	4.00	5.31	3.20	2.91	60.25	54.86
2013	4.38	5.74	3.52	3.25	61.19	56.53
2014	4.72	6.13	3.81	3.54	62.07	57.71
2015	5.02	6.57	4.02	3.73	61.20	56.85
2016	5.40	7.05	4.33	4.02	61.45	57.12
2017	5.95	7.70	4.80	4.49	62.38	58.30
2018	6.51	8.33	5.32	4.98	63.83	59.75
2019	6.98	8.86	5.74	5.37	64.83	60.59
2020	7.18	9.09	5.90	5.57	64.96	61.32

资料来源：国家统计局。

一方面，经济水平发展相对落后造成了中西部地区收入与消费相对东部地区不足，制约着中国超大市场规模优势的发挥，存在巨大的消费潜力尚可挖掘。2019年中国东部地区人均可支配收入与消费支出分别为3.89万元和2.65万元，中部地区为2.58万元和1.85万元，西部地区为2.39万元和1.76万元。另一方面，中国各地发展质量参差不齐，呈现"区域非均衡梯度发展"格局，即经济发展质量由东部向中西部递减。地区间的发展差距阻碍着区域之间的要素流动，制约着各区域充分发挥资源禀赋优势，实现产业合理分工布局，不利于调整和优化创新链、产业链和供应链，阻碍中国供给体系能力与质量的提升。

其次，各区域内部，城市间同样存在较大的发展差距。部分发达城市在跨越中等收入陷阱后，也就是人均GDP超过世界银行界定的高收入经济体最低门槛，大约是每人每年1.27万美元，对落后城市带动作用相对不足，大部分城市仍处于中等收入水平，区域内城市之间的发展差距甚至出现了扩大趋势（图2）。

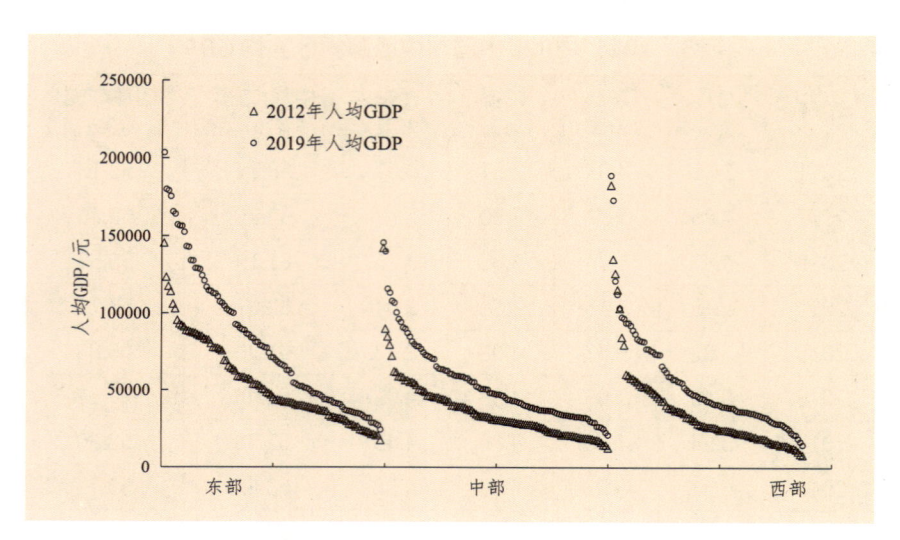

图2 城市差距示意图（地级及以上城市人均GDP）

2019年，按各个城市群内部地级城市人均GDP计算，中国京津冀、长三角、珠三角、川渝、长江中游、关中平原、中原等以国家中心城市为核心的主要城市群的基尼系数分别为0.3366、0.1661、0.1966、0.2159、0.2643、0.2813和0.2232（表4）。仅有长三角和珠三角的基尼系数小于0.2，其他城市群的基尼系数都大于0.2。如果把珠三角扩展到广东全省，广东省内部地级城市人均GDP基尼系数为0.3536，说明广东省区域发展差异远远大于珠三角地区内部的发展差异。中国经济增长极发生了"由点到板"的跃变，城市集群而不是单个城市成为拉动全域性经济增长的新经济地理结构。因此，加强经济区域（甚至是一个省）内部城市间的紧密合作日渐重要。然而城市群内部较大的经济差距，阻碍了要素在城市间自由流动，不利于推动城市群内部的产业分工和经济结构的转型升级。

表4 2019年中国主要城市群基尼系数

地区	城市范围	G
京津冀	北京、天津，河北的保定、廊坊、唐山、石家庄、邯郸、秦皇岛、张家口、承德、沧州、邢台、衡水	0.3366

续表

地区	城市范围	G
长三角	上海，江苏的南京、无锡、常州、苏州、南通、盐城、扬州、镇江、泰州，浙江的杭州、宁波、嘉兴、湖州、绍兴、金华、舟山、台州，安徽的合肥、芜湖、马鞍山、铜陵、安庆、滁州、池州、宣城	0.1661
珠三角	广东的广州、深圳、珠海、佛山、惠州、东莞、中山、江门、肇庆	0.1966
川渝	四川的成都、自贡、泸州、德阳、绵阳、遂宁、内江、乐山、南充、眉山、宜宾、广安、达州、雅安、资阳，重庆的主城都市区、渝东北三峡库区城镇群、渝东南武陵山区城镇群	0.2159
长江中游	湖北的武汉、黄石、鄂州、黄冈、孝感、咸宁、仙桃、潜江、天门、襄阳、宜昌、荆州、荆门，湖南的长沙、株洲、湘潭、岳阳、益阳、常德、衡阳、娄底，江西的南昌、九江、景德镇、鹰潭、新余、宜春、萍乡、上饶、抚州、吉安	0.2643
关中平原	陕西的西安、宝鸡、咸阳、铜川、渭南、商洛，山西的运城、临汾，甘肃的天水、平凉、庆阳	0.2813
中原	河南的郑州、开封、新乡、焦作、许昌、洛阳、平顶山、漯河、鹤壁、商丘、周口，山西的晋城，安徽的亳州	0.2232

资料来源：《中国城市统计年鉴2020》。

三、成渝双城经济圈如何推动"双循环"新格局发展

（一）成渝地区双城经济圈的基本介绍

党的十八大以来，以习近平同志为核心的党中央高度重视区域协调发展，先后提出了京津冀协同发展、长江经济带发展、粤港澳大湾区建设、长三角一体化发展、推动成渝地区双城经济圈建设、

促进黄河流域生态保护和高质量发展等区域发展重大战略。其中，中共中央政治局审议《成渝地区双城经济圈建设规划纲要》时指出，成渝地区双城经济圈建设，有助于形成优势互补、高质量发展的区域经济布局，是构建以国内大循环为主体、国内国际双循环相互促进新发展格局的一项重大举措。因此，区位优势明显、资源禀赋突出、产业基础雄厚、市场潜力广阔的成渝地区双城经济圈建设，要进一步围绕区域经济均衡增长，优化区域经济布局，唱好双城记，建好经济圈，打造具有全国影响力的经济中心与科技创新中心，为辐射带动西部地区乃至全国高质量发展，构建"双循环"新发展格局做出重要贡献。

成渝地区双城经济圈位于长江上游，地处四川盆地，由四川省和重庆市部分区域组成。根据第七次全国人口普查常住人口计算，2020年，四川省和重庆市人口分别为8367.49万人和3205.42万人，GDP分别为4.86万亿元与2.50万亿元，两地人口和GDP总计分别占全国8.02%和7.24%，人均GDP为6.36万元。其中，重庆市人均GDP（7.8万元）比四川省高34%，比成都市低8.5%，比全国高8.3%，比广东省低12%。全国、中部、西部人均GDP分别为7.20万元、5.90万元、5.57万元。川渝两省市人均GDP是全国的88%，高于中西部平均水平，是中国中西部地区经济基础较好、人口密度较高、发展潜力较大的区域之一。

进入新世纪以来，党和中央高度重视成渝地区双城经济圈发展，先后出台了"成渝经济区""成渝城市群""成渝地区双城经济圈"等重大区域协同发展战略。2007年6月，为探索内陆地区城乡二元结构发展新路径、缩小城乡经济发展差距与推动城乡协同发展需要，中央批复重庆、成都设立全国统筹城乡综合配套改革试验区，要求两地在多个重点领域和关键环节开展一批试点试行的改革任务，为内陆地区创新发展和全国深化改革起到引领示范作用。

2011年5月，国务院批复同意《成渝经济区区域规划》，成渝地区被赋予建设西部经济中心、引领西部地区发展、提升内陆开放水平、促进全国区域协调发展的重要使命。2016年4月，国务院批复同意《成渝城市群发展规划》，成渝地区被赋予推动"一带一路"倡议和长江经济带战略契合互动、加快中西部地区发展、拓展全国经济增长新空间的重要使命。

2020年10月，习近平总书记主持中央政治局会议审议《成渝地区双城经济圈建设规划纲要》时指出，推动成渝地区双城经济圈建设，有利于形成优势互补、高质量发展的区域经济布局，有利于拓展市场空间、优化和稳定产业链、供应链，是构建以国内大循环为主体、国内国际双循环相互促进新发展格局的重大举措，赋予了成渝地区双城经济圈建设具有全国影响力的经济中心和科技创新中心，形成改革开放新高地、高品质生活宜居地，打造带动全国高质量发展的重要增长极和新的动力源的重要使命。

（二）成渝地区的重要地位

从国家发展格局的角度来看，成渝地区是"一带一路"倡议和长江经济带国家战略的联结点，地理区位优势明显，在西部大开发中分别发挥着重要的战略支点作用，肩负着建设具有全国影响力的经济中心与科技创新中心的重要任务。同时，成渝地区双城经济圈是泛亚人口稠密地区的地理中心，在"一带一路"倡议和RCEP（区域全面经济伙伴关系协定）、西部陆海新通道和中新互联互通示范项目等战略支持下，承担着打造内陆开放高地和开发开放枢纽的重大使命。

从发展的基础条件来看，成渝地区双城经济圈是中国内陆最适合人类居住与发展的地区之一。其所在的四川盆地内部平原广阔、河网密集，盆地内紫色土壤居多，有较好的肥力，同时，四川盆地气温适宜，降水充沛，非常适宜农业耕作，是中国最重要的农业区域之一，也是中国早期文明发源地之一。在古代，川渝地区便是全国重要的经济、文化、交通中心，唐宋时期，该地区人口一度占全国总人口的29%。

从生态环境保护视角看，成渝地区双城经济圈地处长江上游，是中国生物多样性、土壤保持、水源涵养的重要保护区，是长江上游的重要生态屏障。其中，三峡库区作为全国最大的淡水资源战略储备库，承担着全国35%的淡水资源涵养和保证长江中下游地区3亿多人饮水安全的重要职能，也是中国"南水北调"工程高质量的水源地。流经川渝地区的乌江、嘉陵江、赤水河、沱江、岷江等长江支流是国家珍稀鱼类生物栖息地和水产种质保护重要区域。

（三）成渝地区双城经济圈的战略意义

"从全局谋化一域，以一域服务全局"。成渝地区双城经济圈由习近平总书记亲自谋划、亲自部署、亲自推动，对推进中国区域协调发展，解决发展不平衡不充分的问题，在内陆地区打造新的经济增长极和动力源，助推高质量发展，形成以国内大循环为主体、国内国际双循环相互补充的新发展格局具有形成国内大循环战略腹地、打造引领西部发展的经济极核、形成对外开放新格局等重大战略意义。

一方面，推动成渝地区双城经济圈建设有助于实施扩大内需战略。四川省和重庆市的总人口1.16亿人，与珠三角所在的广东省（1.26亿人）和京津冀三省市（1.10亿人）大体相当，但人均GDP仅为广东的72%和京津冀的82%。川渝两省市的城市化率为60%，分别是广东省和京津冀的81%和88%。在人口体量上，川渝两地已与广东和京津冀相当，但在经济发展水平和城市化水平方面还存在明显差距。因此，推动成渝地区双城经济圈建设，加快经济发展与城市化进程，是推动川渝两地经济发展的重要前提，也可以在中国西部地区培育一个超一亿人口的高质量消费市场，进一步提升中国内需消费能力，发挥中国超大市场规模优势。

另一方面，加快成渝地区双城经济圈产业协同发展，有助于深化供给侧结构性改革。提高供给体系对国内需求的满足能力，以创新驱动、高质量供给引领和创造新需求，满足国内大循环的内在要求。成渝地区双城经济圈是西部人口最密集的地区，拥有相对完备、特色鲜明的产业体系，是中国内陆地区经济基础最好、经济实力最强的区域，拥有相对丰富、优势领域突出的科技创新资源，是西部创新能力最为突出的区域之一。其中重庆、成都两个国家中心城市作为该地区极核引领全域发展，2020年两市GDP分别为2.5万亿元和1.77万亿元，在全国城市GDP总量排名中位列第五和第七。其中，重庆市产业体系以电子信息、汽车、装备、化工、材料和能源等为主导，成都在电子、装备、医药、材料等领域具有相对优势，两地计算机产品产量占全球1/3、汽车整车产量占全国18%，川渝汽车、电子产业全域配套率超过80%。同时成渝地区双城经济圈拥有129所高校，是全国第五大科教资源集聚区。因此，以产能规模、庞大市场和创新能力为支撑，促进成渝地区双城经济圈经济发展，锻造产业链、供应链长板，补齐产业链、供应链短板，促进新技术产业化、规模化应用，推动传统产业改造升级，发展战略性新兴产业，在电子、汽车、航空航天等领域，形成一批具有世界影响力的产业集群，形成具有全国影响力的经济中心与科技创新中心，具有很好的先天优势和巨大的发展潜力。

因此，打造成渝双城经济圈具有引领西部发展的经济极核的重大战略意义。成渝地区双城经济圈是西部经济发展速度较快、城市化水平较高的地区之一，有着良好的区位条件，加快成渝地区双城经济圈发展，有助于通过"以点带面"推动西部地区全域性经济均衡增长。2010—2020年，重庆市和四川省GDP年均增长率分别为10.6%和9.3%，在西部12个省市自治区中位列第二与第六，比同期全国GDP年均增长率7.1%分别高出3.5和2.2个百分点。全国第七次人口普查数据显示，2020年，重庆市和四川省城镇化率分别为69%和57%，位列西部第一和第六，两地总计城镇人口6973万人，占西部城镇人口的32%。

成渝地区双城经济圈中，两大核心城市重庆与成都的GDP总量分别位于西部地区的第一与第二位，排在西部第三位的西安市GDP总量在2020年刚刚突破一万亿元大关，比成都市低77%。经济圈内部每万平方公里拥有城镇113个，远高于西部地区的12个和全国的23个。

基于"马阵跨阱"和"板链拉动"理论，在区域经济均衡发展中，发展较好的大城市与地区板块肩负着带动落后地区，实现趋同发展的使命。一方面，围绕重庆、成都都市圈建设，推动成渝两城由马阵中的追赶者跻身北上广深等发达引领城市行列之中，才能带动周边地区广大中小城镇和农村共同发展，在西部地区内部形成快马拉慢马、慢马追快马的"微观"发展格局，实现西部全域性跨越"中等收入陷阱"。另一方面，加快经济圈综合实力提升，有助于推动整个城市集群形成具有全国影响力的经济中心和科技创新中心，与京津冀、长三角、粤港澳大湾区一道，形成辐射带动全国各个经济板块趋同发展的巨大菱形结构，加速生产要素、信息技术在全国范围内高效率流动和扩散，促进发达板块和落后板块经济分工合作与均衡增长，形成全国性快马拉慢马、慢马追快马的"宏观"发展格局，从而构建一个强大的国内经济大循环，为促进国内国际双循环新发展格局奠定牢固的经济基础、科技创新基础和富有韧劲的空间经济地理布局。

除此之外，成渝双城经济圈还具有形成对外开放新格局的重大战略意义。成渝地区双城经济圈是中国西部地区对外开放程度最高的区域。"一带一路"倡议实施以来，成渝地区双城经济圈对外开放程度迅速提升，2020年四川省和重庆市分别实现进出口总额

1168亿美元和942亿美元，分别位居西部第一与第二，相较2013年增长81%和37%，两地进出口总额占西部地区的49%。同时，成渝地区双城经济圈在中西部地区拥有相对较好的地理区位和政策优势，是"一带一路"和长江经济带的重要联结点，是西部陆海新通道的运营中心与核心枢纽，拥有中国自贸试验区和中新互联互通示范项目等政策加持，对新时期中国推动"一带一路"和RCEP等国家级开放策略，加快向西向南开放，发挥着不可替代的作用。以成渝地区双城经济圈为支点，充分发挥向西向南开放区位及政策优势，优化完善中国对外开放区域布局，加强西部地区全球创新、金融、产业等高端资源要素运筹能力，进一步提升开放型产业体系的能级，有利于打造陆海内外联动、东西双向开放的全面开放新格局，这是国内国际双循环新发展格局的重要内涵。

（四）成渝地区双城经济圈建设面临的挑战

尽管成渝地区双城经济圈有着优越的地理区位、雄厚的产业基础、广阔的市场空间，具备形成西部乃至全国高质量发展核心引擎的潜力，但是成渝地区双城经济圈建设目前还面临着同质发展严重、缺少有效协同机制、对外开放程度相对较低、经济生态协调发展任务艰巨等挑战。

目前成渝地区双城经济圈，尤其是重庆、成都两大核心城市间产业发展同质化问题较为突出，两地产业结构相似系数高达99.77%。近年来，在集成电路、新型显示、智能终端、新一代信息技术、汽车制造等细分领域，两地政府竞相通过落地优惠、过度补贴等方式吸引相关企业入驻，两地竞争日渐激烈，"零和博弈"问题较为严重，容易造成两地产业重复建设与效率损失。同时重庆直辖以来，重庆和四川在行政上的分离形成了一道无形且固化的壁垒，造成两地部分城市经济发展思维局限于行政区划的界线内，过度强调本地经济的发展，轻视区域间的合作共赢，最终造成了成渝地区双城经济圈产业发展同质竞争激烈，难以形成合力推动协同发展，制约了重庆、成都现代产业和科技创新集群化高质量发展。

成渝地区双城经济圈内部，"双核"强大，周边弱小问题突出，成都作为四川省省会的首位度不断提升，但是辐射牵引力度不大，导致其他城市发展相对缓慢。经济圈内部区域副中心城市培育不足，内部中小城市相对落后，各城市错位竞争、优势互补、良性互动的发展格局尚未形成。

2020年，尽管重庆和成都的GDP总量位列全国的第五位和第七位，但是，成渝以外的城市规模都比较小。经济圈内的第三大城市绵阳市的GDP只有3010亿元，分别仅为重庆的12%和成都的17%。处于成渝经济走廊上的资阳、内江、遂宁等城市地区生产总值无一超过2000亿元，"中部塌陷"比较明显。相比之下，京津冀城市群以北京、天津为双核带动全域发展，唐山、石家庄等城市作为区域中心城市的经济体量都比较大，随着雄安新区的快速发展，将更加有利于京津冀区域经济均衡增长，巩固其全国性强大的经济增长极地位。

2020年，作为长三角龙头城市的上海市，GDP总量3.87万亿元，苏州市GDP总量2.02万亿元紧随其后。另外，长三角还有南京、杭州、宁波、无锡、南通、合肥等城市的GDP总量均超过一万亿元。长三角城市群内部差距相对较小，不同经济规模的城市分布相对合理。粤港澳大湾区的广州、深圳和香港都是经济体量巨大的城市，还有佛山市和东莞市的GDP已经超过或非常接近一万亿元。当然，广东西部、东部和北部的许多地级城市人均GDP还低于全国平均水平，珠三角内部区域经济发展比较均衡，而广东全省的经济发展不平衡问题比较突出，与长三角区域经济相对均衡发展相比，存在比较大的反差。

在"一带一路"倡议框架下，成渝地区双城经济圈经济开放、对外交流程度不断提升，国际要素资源汇集成渝，有效推动地方经济发展，但与东部发达地区相比，仍存在较大差距。2020年，重庆、四川两地货物进出口总额2110亿美元，分别仅为上海、江苏、浙江与广东的42%、33%、43%和21%。成渝地区双城经济圈对外贸易商品以劳动密集型工业制成品为主，产品技术含量与附加值较低。随着未来成渝地区双城经济圈经济进一步发展，劳动力成本上升，劳动密集型产品的竞争优势将难以维持。此外，与京津冀、长三角、粤港澳大湾区相比，成渝地区双城经济圈的国际高端要素利用能力相对较低，高等教育和科技研发力量相对薄弱，这是制约本地经济高质量持续发展的重要短板。

作为长江上游生态屏障重要组成部分，成渝地区双城经济圈对长江流域生态保护发挥着重要作用，承担实施长江上游大保护，不搞大开发的使命担当和推动生态文明建设的重大任务。成渝地区双城经济圈建设，一不能走沿海地区初期粗放式的发展老路，需要在更高的起点上，以科技创新作为主要驱动力，实现跨越式发展；二要在快速工业化与城镇化进程中，守住生态环境底线，走绿色发展道路，科学处理好人地之间、产业发展与环境保护之间的矛盾；三要围绕绿色发展，提高城乡融合发展质量和社会、经济、生态综合效益。

四、如何推动双城经济圈建设，提升重庆高品质生活城市建设

围绕成渝地区双城经济圈建设，打造具有全国影响力的经济中心与科技创新中心，有利于形成优势互补、高质量发展的区域经济

布局，是推动内陆与沿海地区均衡发展，畅通国内经济大循环，实现国民经济可持续高质量发展的重要举措。

然而，在新发展格局下，成渝地区双城经济圈与东部沿海发达地区还有明显差异和不足，区域内部存在制约双城经济圈建设的短板与问题。为了更好推动成渝双城经济圈建设，打造引领西部乃至全国高质量发展的动力源和新的经济增长极，助力"双循环"新发展格局，实现中国社会主义现代化建设的宏伟目标，可以从以下几方面发力：

（一）加强重庆、成都两大极核产业创新协同发展

充分发挥综合交通枢纽优势和市场资源优势，推动重庆、成都两地共建分工合理、错位协调、高效协同的现代产业体系，围绕汽车、电子、医药、材料、航空等领域，打造具备全球竞争力的产业集群；充分发挥两地丰富的科研创新资源，加快西部科学城建设，围绕产业链构建创新链，围绕创新链布局产业链，打通产学研用创新发展全链条，在光电信息、未来医药、先进能源、空天技术等"卡脖子"关键核心技术领域与新能源汽车、集成电路、航空航天等优势产业领域，推动两地高校和科研机构及市场主体联合开展技术攻关，共建国家实验室、大科学装置等一批重大科研创新平台，打造全国重要的科技创新中心；布局完善新一代信息基础设施，加快5G网络建设，大力推动数字产业化、产业数字化，促进大数据、人工智能、区块链等新一代信息技术与实体经济深度融合，推动数字技术创新应用于传统产业，加快各领域数字化转型升级，以新技术、新标准、新体系催生新经济，联合打造国家数字经济创新发展试验区，建设具有全国影响力的产业创新应用体系。

(二) 依托西部科学城，加强成渝地区与全国其他城市群协同发展

从长远看，成渝地区双城经济圈建设的目的不仅是拉动川渝两省市经济均衡增长，还要承担西部大开发国家战略的支撑作用，甚至在构建"双循环"新发展格局中起到战略支撑作用。因此，西部科学城在自身发展过程中，还需要向北与关中平原城市群，向南与南宁、贵阳和昆明等西南地区主要城市的高新区、国家级新区等创新载体加强产业协同，形成合力发展的态势，推动西部科学城在西安、兰州、贵阳等地高新区设立西部科学城分园区，整合西部科技创新资源，带动整个西部地区的科技和经济发展。

同时，要向东与长江中游城市群、长三角城市群的科学城、高新区等创新载体联合发展。围绕集成电路、新能源汽车等共有重要产业领域，进一步与长江经济带沿线省市在产学研用融合、关键技术联合攻关、科技园区共建等方面深化合作，联合建设国家技术（工程）研发中心、国家级创业孵化器，推动张江科学城、合肥科学城、东湖科学城、西部（重庆）科学城、西部（成都）科学城围绕集成电路、新材料、生物医学等核心领域，共谋共建高标准大科学装置，联合打造跨区国家实验室（群），协同培育世界级高新技术产业集群，以"一城多园"模式共同建设长江科学创新带，形成互相促进、优势互补的跨区域融合发展，力争在全国范围内形成最大的影响力及辐射作用，为构建"双循环"新发展格局发挥最大的区域科技创新和经济均衡增长效应。

(三) 全面提高对外开放水平，提升高端要素集聚能力

围绕"一带一路"倡议和RCEP、长江经济带、西部陆海新通道等重大战略，推动天府国际机场、双流国际机场、江北国际机场

联动发展，加快重庆第二国际机场规划建设，大力发展全货运航空运输，共同组建具有世界影响力的货运航空集群，打响成渝世界级机场群品牌，联动西安、兰州、贵阳、昆明、南宁、郑州、武汉、长沙等内陆铁路枢纽，打造"一带一路"和西部陆海新通道进出口商品集散中心，协同建设集散基地、公共海外仓、口岸设施，建设向西向南陆上开放大通道，打造陆海空一体化联运的成都—重庆国际性综合交通枢纽。

整合成渝两地自贸区和综保区等开放平台资源，依托中新（重庆）战略性互联互通示范项目，加快全球技术、资金、人才等要素聚集，围绕国际交通枢纽建设，建设一批高质量、高技术的出口加工基地与国别合作园区，打造中国重要的现代化开放型产业基地，大力发展货物与服务贸易，吸引国际高端服务企业落户成渝，推动现代服务业发展，加快RCEP、"一带一路"沿线国家金融互联互通，以西部金融中心为基础建设内陆国际金融中心。

第三章

重庆创造高品质生活的产业建设：西部科学城建设推动成渝地区双城经济圈高质量发展

习近平总书记指出，"推动成渝地区双城经济圈建设，有利于在西部形成高质量发展的重要增长极"。成渝地区被中央赋予建设具有全国影响力的重要经济中心、科技创新中心、改革开放新高地、高品质生活宜居地的重要使命。时任中共重庆市委书记的陈敏尔在2022年2月调研时强调，要深入学习贯彻习近平总书记重要讲话精神，坚持把创新作为引领发展的第一动力，加快集聚创新资源，着力激发创新活力，持续优化创新生态，建设具有全国影响力的科技创新中心，为推动重庆高质量发展注入强大动能。2023年12月，重庆市委副书记、市长胡衡华前往西部科学城重庆高新区调研时强调，要深入贯彻习近平总书记重要指示精神，认真落实中央经济工作会议部署，按照市委、市政府工作安排，坚持稳中求进、以进促稳、先立后破，以科技创新引领现代化产业体系建设，大力推进新型工业化，积极发展新质生产力，为推动高质量发展注入"高新"动力。

本章探讨重庆作为西部地区重要增长极，如何在习近平新时代中国特色社会主义思想的指导下，以创新驱动发展，以西部科学城建设为纽带，推动成渝地区双城经济圈高质量发展。习近平总书记指出，推动成渝地区双城经济圈建设，有利于在西部形成高质量发展的重要增长极。成渝地区被中央赋予建设具有全国影响力的重要经济中心、科技创新中心、改革开放新高地、高品质生活宜居地的重要使命。科技创新中心和改革开放新高地是战略手段和实现路径，重要经济中心和高品质生活宜居地则是发展的最终目标。近年来，为了贯彻习近平总书记的相关战略决策部署，重庆、四川两地政府以"一城多园"模式合作共建西部（重庆、成都）科学城，加快打造具有全国影响力的科技创新中心的重要载体。西部科学城正以惊人的速度发展，对促进成渝地区双城经济圈建设，引领带动整个西部地区和全国经济高质量可持续发展具有重要意义。基于"马阵跨阱""板链拉动"等内生经济增长理论，本章论述西部科学城对成渝地区双城经济圈建设的重要性和必要性，系统介绍西部科学城建设的时代背景、现实状况及其所面对的机遇及挑战，最后提出相关政策建议。

一、"科技创新"与"西部科学城"的重要使命

在经济发展转型升级的关键时期，科技创新是推动国家长期发展的重要因素。在世界近代经济发展历程中，率先实现工业化与引领世界发展的国家无一不是引领世界技术创新和科学研究的高地。比如18世纪60年代至19世纪中期以蒸汽机、火车和电力技术为标志的第一和第二次工业革命中的英国；以原子能、电子计算机、互联网、导航等技术为标志的第三次工业革命中的美国，都是具有全球引领作用的经济发展中心。许多发展中国家之所以长期落后或容易受到经济周期影响而跌宕起伏，摆脱不了"中等收入陷阱"的魔咒，最重要的原因是技术进步缓慢，基础研究落后，经济长期发展受制于人，导致内生增长动力不足。

改革开放以来，中国借助巨大的国内市场，充分发挥本国比较优势，吸引外资、促进出口，并引进发达国家先进的设备及技术，通过消化、吸收和再创新，提高国内生产效率，实现经济长期不间断快速增长。2020年中国国内生产总值（GDP）首次突破100万亿元大关，高达101.6万亿元，按可比价格计算，GDP总量是1978年的40倍，年均增长率高达9%，创造了世界发展史上一个人口大国超长时间连续不间断的快速增长纪录。在经济、外贸、跨境投资、工业制造、新技术发明创造、高等教育等多领域，急速追赶西方发

达经济体，在所有发展中国家中表现特别突出，创造了人类发展史上最靓丽的成就。尤其是在新冠肺炎全球大流行背景下，中国仍在2020年如期决胜全面建成小康社会，根除数千年来困扰社会发展的绝对贫困问题。在建党100周年的时刻，实现第一个百年目标，为开启全面建设社会主义现代化新征程，实现第二个百年目标，奠定了牢固的物质基础，增强了实现中华民族伟大复兴中国梦的定力及信心。

在中国40多年的改革开放过程中，从邓小平提出的"科学技术是第一生产力"，到之后长期的科技教育兴国的发展战略，中国始终坚持技术创新，在人力资本积累和科技成果方面取得了长足进步。1978—2020年，中国普通大学本科和专科累计招生人数达1.35亿人。根据全国第七次人口普查数据，中国受过高等教育人数达到2.18亿人，占全国总人口14.12亿人的15.4%。2019年，中国高等学校R&D课题数（项）为118.88万项。2020年，全国R&D经费支出高达2.44万亿元，占GDP之比上升至2.4%，接近发达国家水平，专利授权363.9万项。其中，发明专利授权量53万项，处于全球领先地位。2019年，全国高技术产品进出口额达1.37万亿美元，其中高技术产品出口额达7307.14亿美元。中国改革开放40多年的实践充分证明，技术创新是一个国家发展的重要推动力。

当今世界正面临百年未有之大变局，国际政治经济局势发生重大变化，国际环境日趋复杂，不稳定性不确定性明显增加。自2008年全球金融危机爆发以来，世界许多国家，包括欧盟的主要成员国、英国、日本和许多拉丁美洲国家，经济陷入持续低迷状态。西方主要国家逆全球化与单边主义抬头，国际贸易对中国经济发展的驱动作用日渐衰弱。尤其是2018年以来持续升级的中美贸易摩擦和技术封锁，导致中国面临出口贸易受制和技术打压双重困境。同时，进入21世纪以来，信息技术、生物技术、制造技术、新材料技术、新能源技术等领域的重大突破层出不穷，人类社会进入又一个前所未有的创新活跃期,新一轮科技革命和产业变革深入发展。

面对这些外部环境变化,我们要把发展主动权牢牢掌握在自己手中。在新变局中,唯有实现科技创新的主动才能把握国家发展的主动,通过技术创新带动国民经济内生可持续增长。党的十九届五中全会强调,坚持创新在中国现代化建设全局中的核心地位,把科技自立自强作为国家发展的战略支撑,完善国家创新体系,加快建设科技强国。科技创新在国家发展中发挥着越来越重要的作用,加快产业转型升级、实现创新驱动发展,是推动中国高质量发展的原动力,也是摆脱技术封锁,构建强大内循环,促进国内国际双循环相互补充新发展格局的重要推手。

促进创新成果转化、落地,既要注重体制机制创新,也需要注重区域布局、创新资源聚集及高效率利用,这是在有限资源约束条件下实现最大创新成果、提高创新效率的重要战略安排。习近平总书记强调,"要尊重科技创新的区域集聚规律","建设若干具有强大带动力的创新型城市和区域创新中心",通过区域创新中心(创新极)建设,集聚本地区和全国创新资源,形成创新优势,产生创新规模效应,使创新动力尽可能接近和融入市场主体,实现产学研用融合高效率发展,促进传统产业加快转型升级,形成新的国际贸易比较优势,培育战略性新兴产业生态,打造具有以全球先进技术为支撑的产业集群,带动区域性及全国性产业链、供应链健康安全发展。

纵观国际国内区域发展趋势,中心城市和城市群是科技创新的主要空间载体。美国的旧金山和洛杉矶经济圈,日本的大东京经济圈,英国的伦敦—剑桥—牛津金三角经济圈,中国的京津冀、长三角和粤港澳大湾区经济圈等,都在不同时期、不同区域发展过程中,被赋予了以科技创新促进经济高质量发展的使命及担当,也产生了非常有效的社会经济效果。2020年1月3日,习近平总书记主持召开了中央财经委员会第六次会议,对成渝地区双城经济圈提出了建设具有全国影响力的重要经济中心、科技创新中心的重要任务，旨在以科技创新极建设为重要支撑，促进成渝地区双城经济圈经济高质量发展，与京津冀、长三角、粤港澳大湾区一道，形成全国性的经济增长引擎和科技创新高地，引领辐射全国性经济持续高质量发展。将成渝地区建设成为具有全国影响力的科技中心，对于优化国家区域创新体系布局，促进区域经济均衡高质量发展，推动创新型国家建设具有重要的战略意义。

西部科学城是成渝地区双城经济圈建设具有全国影响力的科技创新中心的重要载体，包括西部（重庆）科学城和西部（成都）科学城两个部分。中央和川渝两省市政府希望通过重庆向西、成都向东融合发展，优势互补，打造一个强大的成渝经济及科技创新走廊，使之成为成渝地区双城经济圈以科技创新为主要推动力的经济增长引擎。习近平总书记对成渝地区双城经济圈推进科技创新提出明确要求，指出要支持两地以"一城多园"模式合作共建西部科学城。建设西部科学城有助于推动成渝地区科技、经济协同发展，辐射带动整个西部地区发展，引领西部大开发、共建长江经济带，为形成强韧的"双循环"新发展格局起到重要的支撑作用。

在成渝地区双城经济圈建设机遇下，西部科学城如何推动重庆、成都两地实现优势互补、功能共享，增强协同创新发展能力，如何通过科技突破发展新经济新动能，转变内陆城市处于价值链和供应链底端的现状，推动成渝地区双城经济圈成为具有全国影响力的经济中心和科技创新中心，并进一步带动西部地区实现高质量发展，是当前和今后工作中的关键点。

二、西部科学城发展概况

2015年1月初，成都市委经济工作会议首次做出建设成都科学城的战略部署，成都科学城被定位为成都市未来发展的动力、创新的空间、转型发展的战场、新的支撑点。2018年10月，重庆市出台的《重庆市城市提升行动计划》指出，依托大学城规划建设科学城，并以科学城为智核，以发展智能产业为主导，打造创新资源集聚地。2020年1月3日，习近平总书记在中央财经委员会第六次会议上提出支持成渝两地以"一城多园"模式合作共建西部科学城。

2020年4月20日，重庆市发改委和城市提升领导小组会议审议了《中国西部（重庆）科学城国土空间规划（2020—2035年）》。2020年6月3日，成都市科技创新大会提出高起点高标准规划建设中国西部（成都）科学城，并发布《中国西部（成都）科学城战略规划（征求意见稿）》。2020年9月，重庆召开西部（重庆）科学城建设动员大会，提出举全市之力、集全市之智，建设西部（重庆）科学城。自此，成渝两地以"一城多园"模式共建的西部科学城走进了"快车道"。

2021年5月6日，重庆市举行科技创新专题调研成果交流会，抓紧做实科技创新这件关于重庆"十四五"现代化建设进程的大事情，推动科技创新，使之成为重庆市社会经济高质量发展的主动力。市委、市政府提出要大量增加高等教育和科学研究投入，千方百计吸引人才，大力培育当地创新创业人才，吸引全球和全国科技力量强大的跨国公司入驻本地区，形成科技创新规模经济，加强产学研用一体化发展，提高创新和技术转化效率，把西部（重庆）科学城打造成为"科学家的家，创业者的城"。

重庆市鼓励跨越川渝两地和全国其他地区的协同创新，特别是在社会服务、人才政策、户籍制度、土地制度、生态保护等方面要勇于突破。通过制度创新促进科技创新，优化科技创新环境，依托西部（重庆）科学城和两江协同创新区等主要科技创新创业园区，构建一个以高等院校、科研院所、大型企业为主体的基础研究体系，以龙头企业和广大市场主体为核心的技术应用和产业升级体系，以及一个以市场为主导、以政府服务为牵引的社会科技创新机制，激发全社会科技创新活力。

目前，西部科学城分为重庆、成都两大园区。其中，西部（重庆）科学城位于重庆市中心城区西部槽谷，规划面积达1198平方公里，其中，重庆高新区直管园是科学城核心区，面积313平方公里。西部（重庆）科学城拥有国家自主创新示范区、自贸试验区、国家级高新区、西永综保区、中欧班列（重庆）、西部陆海新通道等政策战略，汇集了丰富的创新资源，共有28所高校、5个国家重点实验室、59个工程技术研究中心及278个市级及以上研发机构。同时，在大健康、新一代信息技术、先进制造和高技术服务等产业方面，西部（重庆）科学城产业基础良好，拥有金凤电子信息产业园、国家生物产业基地、西永微电子产业园等多个产业载体，年产笔记本电脑等智能终端设备占全球近四分之一，集成电路产业产值超过全市同类产品产值的80%。

西部（成都）科学城总规划面积361.6平方公里，其中，位于成都南部天府新区的成都科学城是其核心区，规划面积132平方公里。成都科学城有重大科技基础设施和交叉研究平台11个，国家级科研机构40余个，校院地协同创新平台43个，围绕人工智能、集成电路、5G通信、信息安全等数字经济重点领域，构建"基础研究—技术攻关—成果转化"创新体系，引进相关重点企业100余个，汇聚上下游企业3600余家，培育高新技术企业430余家。

西部（重庆）科学城坚持以"科学之城、创新高地"为总体定位，规划建设成为具有全国影响力的科技创新中心核心区，引领区域创新发展的综合性国家科学中心。重庆市"十四五"规划明确提出，要高标准建设西部（重庆）科学城，加快大科学装置、高水平科研机构、高科技产业集聚，集中力量建设综合性科学中心，加速科技成果转化，培育壮大新一代信息技术、先进制造、大健康和高技术服务等新兴产业集群，同时发挥西部（重庆）科学城创新引领功能，统筹推进重庆高新区直管园和拓展园发展，联动两江协同创新区，构建高效协同的区域创新体系，推动形成一城引领、多园支撑、点面结合、全域推进的创新格局。

成都市"十四五"规划提出，中国西部（成都）科学城要以建设全国重要的创新驱动动力源、全国重要的高质量发展增长极、全国一流的高端创新要素集聚地、全国领先的创新创业生态典范区为目标，立足成都创新资源优势和城市发展战略，构建"一核四区"为主的空间功能布局。"一核"即成都科学城重点围绕网络安全、航空航天、生命科学等领域，创建综合性国家科学中心，打造具有全国重要影响力的原始创新高地。"四区"即新经济活力区、天府国际生物城、东部新区未来科技城和新一代信息技术创新基地。西部（成都）科学城将围绕"四区"协同构建创新功能突出、创新服务完善、主导产业领先的"二次创新"承载地。

三、西部科学城的战略意义

重庆、成都两市以"一城多园"模式合作共建西部科学城，构建成渝协同创新共同体，打造综合性国家科学中心，对成渝地区双城经济圈建设成为具有全国影响力的重要经济中心、科技创新中心、改革开放新高地和高品质生活宜居地，助力成渝地区引领带动西部地区乃至全国经济高质量发展意义重大。

首先,西部科学城建设可以加强重庆、成都的极核带动作用。依据"马阵跨阱"理论,在区域经济发展中,发展较好的大城市肩负着带动落后地区,实现趋同发展的重要使命。"马阵跨阱"是把中国所有城市比作一匹匹骏马,充分发挥各自自然和人力资源禀赋优势奔腾,形成由数百匹持续奔跑的骏马组成的马阵,带动全国跨越中等收入陷阱,进而实现社会主义现代化。

从全国范围的宏观马阵来看,以北京、上海、广州、深圳为代表的国家中心城市,经济与科技发展动力强劲,地理位置优越,对全国各地区发展具有强大辐射牵引作用,在马阵中扮演所谓"快马"的角色。这些"快马"在自己奔跑的同时,能够带动其他地区和广大农村,也就是"慢马",共同奔跑,形成"快马拉慢马、慢马追快马"的磅礴态势,带领全国共同跨越"中等收入陷阱",进而实现中华民族伟大复兴的宏伟目标。

《成渝地区双城经济圈建设规划纲要》强调,建设成渝地区双城经济圈,要突出重庆、成都两个中心城市的协同带动作用,在做大做强中心城市的过程中,促进区域中心城市建设,带动全域性城镇和广大农村地区发展。从成渝地区双城经济圈的"微观马阵"来看,重庆、成都两个国家中心城市作为成渝地区的极核,肩负着引领全域发展的重要使命。

2020年重庆、成都两市GDP分别为2.50万亿元和1.77万亿元,在全国城市GDP总量排名中位列第五和第七。然而以第七次人口普查数据计算,重庆、成都两市人均GDP仅为7.80万元和8.46万元,远低于北京、上海、广州、深圳的16.49万元、15.56万元、13.40万元和15.76万元。

进一步提高重庆、成都经济水平与发展质量,发挥两市中心极核的带动作用,是将成渝地区双城经济圈建设为具有全国影响力的经济中心与科技创新中心的重要举措。其关键在于要以西部科学城建设为抓手,布局具有特色和相对比较优势的战略性科技创新领域,通过引进共建,集聚高端创新要素,建设一批世界一流研发机构和国家重大科技基础设施,完善产学研用协同创新体系,加速科技成果转化,促进新技术产业化、规模化应用,推动传统产业改造升级,发展战略性新兴产业,加强重庆、成都两市在电子、汽车、航空航天等领域的合作,打造一批世界级产业集群,使科技创新成为驱动重庆、成都发展的重要动力源,从而带动成渝地区全域性高质量发展。

其次,西部科学城建设可以缩小成渝地区内部发展差距。成渝地区双城经济圈存在"双核"强大、周边弱小的突出问题。2020年,尽管重庆、成都的GDP总量位列全国的第五位和第七位,但是,成渝以外的城市规模都比较小,成渝地区内部存在较大的经济差距。经济圈内的第三大城市绵阳市的GDP仅有3010亿元,仅为重庆的12%和成都的17%。而处于成渝经济走廊上的资阳、内江、遂宁等城市GDP无一超过2000亿元。缩小成渝地区内部存在的经济发展差距的关键在于以"马阵跨阱"理论为指导,通过"板链拉动"实现重庆主城都市区、成都平原经济区两大相对发达板块对川南、川东北、渝东南、渝东北等相对落后板块的辐射和牵引。

"板链拉动"的"板"指的是城市集群或区域经济板块,所谓的"链"一方面可以指的是高铁、高速公路、水路、航空及"互联网+"等加强区域间交通、贸易、信息联系的有形及无形的链条;另一方面,"链"也可以是指各地区围绕共同产业集群形成的产业链、供应链和创新链。通过区域产业布局优化和交通运输条件改善等措施,可以促进区域之间的要素流通,降低区域之间商品和要素流动成本,从而实现发达经济板块拉动落后经济板块,实现不同经济板块之间的均衡增长。

重庆"十四五"规划强调,夯实成渝发展主轴,强化重庆主城都市区与成都主城区互动,加快两大极核相向融合发展。四川"十四五"规划强调,强化成都、重庆两市互动,依托成渝铁路,推动中心城市极核带动功能沿轴带扩散，夯实成渝地区中部支撑，做强成渝发展主轴。

作为重庆西扩、成都东进、相向发展的主战场，西部科学城将围绕创新链、产业链、供应链，联动德阳、眉山、资阳、遂宁、内江等城市，加快成渝中线高铁、重庆新机场（规划中）等重大基础建设，优化成渝发展主轴产业布局，构建高效的区域产业创新协同体系，加速成渝中部地区经济增长，促进区域经济转型升级和高质量发展。

同时，成渝地区双城经济圈以"一城多园"模式建设西部科学城，所谓"一城"是指西部科学城，"多园"是指经济圈内部多个创新资源集聚载体。以重庆、成都为主阵地的科学城建设，将发挥西部科学城引领带动作用，加强与成渝地区双城经济圈其他创新载体联动。其中，重庆"十四五"规划提出，科学城要发挥引领创新功能，统筹推进重庆高新区直管园和拓展园发展，围绕联动全域创新，推动"一区两群"协同创新，支持"两群"区县创建市级高新区或纳入国家级高新区拓展园建设。这里"一区"指的是重庆主城都市区，包括21个重庆市经济比较发达的区（县）以及万盛区和双桥经开区，"两群"指的是渝东北和渝东南城镇群。

成都"十四五"规划提出，以西部（成都）科学城与绵阳科技城联动为牵引，协同德阳、眉山、乐山，打造协同创新共同体和产业集群；川东北将依托成都创新研发和资源整合能力，围绕清洁能源、特色农业协调联动发展，共建国家天然气综合开发利用示范区和绿色食品产业集群；川南地区协同推进以成都为核心的供应链体系，探索多形式产业协同模式。

重庆、成都两市依托科学城建设，发挥科技创新资源优势，加强成渝地区内部各板块在创新链、产业链、供应链协作，通过"板链拉动"缩小成渝地区内部差距，实现区域均衡增长，释放经济可持续高质量发展潜力。

更重要的是，西部科学城建设可以引领西部高质量发展。从西部地区全局发展来看，加快推进西部科学城建设，有助于发挥成渝地区双城经济圈引领整个西部大开发的重要战略支撑作用。自西部大开发战略实施以来，西部地区通过承接东部产业转移，加大对外开放水平，不断缩小与东部沿海发达地区的经济差距。2001—2020年，西部地区人均GDP由0.53万元上升至5.48万元，从只占东部地区人均GDP的38%上升到了61%，提高了23个百分点。尽管还有不小差距，但是考虑到原来西部落后闭塞的现实情况，21世纪20年来的全国性均衡增长，特别是西部大开发战略已经发挥了巨大作用。新时代，以科技创新为推动力，以西部科学城建设为主要抓手，不仅能够推进成渝地区双城经济圈高质量发展，也可以为整个西部地区的高质量发展提供有益的借鉴及牵引作用，充分发挥西部地区的后发优势，为构建强韧的国内大循环，促进内陆开放，发挥国内国际双循环互补作用提供强劲动力和安全保障。

根据巴罗和萨拉依马丁提出的内生经济增长理论，落后的跟进国可以模仿领先国的技术加速经济发展。因为模仿成本小于创新成本，所以在技术扩散前期，跟进国经济增长速度会超过领先国，随着模仿对象减少和模仿成本上升，跟进国经济增长速度会下降，形成条件收敛趋势。与之相类似的，落后的西部地区在前期可以通过承接东部产业转移、加大对外开放水平实现追赶，但随着西部地区与东部地区的经济发展水平逐渐缩小，东部与西部间的产业转移减少，带动作用降低，更多的是出现产业上的同质竞争。同时，2018年以来持续升级的中美贸易摩擦和技术封锁，导致中国面临出口贸易受制和技术打压双重困境。加大对外开放水平对西部内陆地区甚至全国经济可持续增长的驱动力也逐渐降低。因此，从推动西部地区经济可持续高质量增长的角度出发，西部地区必须加强科技创新能力，以创新驱动发展，不是被动地走承接东部产业转移的所谓"雁阵模式"，而是走"马阵跨阱"和"板链拉动"的创新及协调发展新模式。

过去半个世纪发展经济学所流行的"雁阵模式",强调后发国家的模仿和产业转移作用,以提升本地劳动、资本和土地生产效率,没有强调本土创新对当地经济发展,特别是如何发挥后发优势作用的影响。因此,顺应"雁阵模式"发展规律,发达国家和地区将永远处于领先地位,落后国家和地区将永远处于跟从和相对落后的地位。"马阵跨阱"和"板链拉动"理论也强调发达城市拉动落后城市发展的作用,但这一新的理论更加强调如何通过科学技术的进步、现代化交通基础设施的完善及互联网信息技术的应用,实现落后地区对发达地区的跨越式追赶,并最终消除区域之间的发展差异。尽管实践上是很难做到的,但是,只要坚持后发地区的自我创新,不仅可以充分发挥后发优势作用(如土地、水、自然资源、人力资源等优势),还可以加强市场竞争,促进发达和落后地区在竞争与合作中,优势互补,共同发展,形成动态演变区域比较优势,增强国际竞争优势。这是构建国内大循环、国内国际"双循环"相互补充新发展格局的重要内涵。

然而,尽管西部大开发实施以来西部地区与东部地区在经济发展水平上的差距有所缩小,但在科技创新方面仍存在较大差距。从创新投入来看,2019年东部地区和西部地区规模以上工业企业R&D经费为9453.6亿元和1154.4亿元,西部仅为东部的12.2%。从创新产出方面来看,2019年东部地区和西部地区规模以上工业企业专利申请数为76.7万件和9.6万件,西部仅为东部的12.5%。可见,相对于东部地区而言,西部地区不仅科研投入力度弱,而且投入产出效率也比较低。

因此,要推动西部地区高质量可持续发展,就必须进一步加强西部地区科技创新能力。成渝地区双城经济圈是西部人口最密集的地区,是中国内陆地区经济基础最好、经济实力较强的区域,拥有相对丰富、优势领域突出的科技创新资源,是西部创新能力最为突出的区域之一。通过整合成渝两地创新及要素资源，以西部科学城建设为抓手，高标准建设集聚国际国内高端创新要素和引领成渝地区创新能力提升的载体，有助于推动成渝地区双城经济圈建设成为具有全国影响力的科技创新中心，为打造中国经济增长第四极提供重要推动力，使成渝地区双城经济圈能够成为中国构建"双循环"新发展格局的重要战略腹地，从而成为带动西部乃至全国高质量发展的重要增长极、新动力源和大后方。

四、促进西部科学城建设推动成渝地区双城经济圈高质量发展，提升重庆高品质生活产业建设

基于"马阵跨阱"与"板链拉动"理论，建设西部科学城有助于做大做强重庆、成都两大"极核"，加强辐射带动作用，缩小成渝地区双城经济圈内部经济发展差距，推动成渝地区双城经济圈高质量发展，成为引领西部乃至全国高质量发展的重要增长极和新的动力源。然而，西部科学城乃至成渝地区双城经济圈与东部沿海发达地区还有明显差异和不足，区域内部存在制约西部科学城发展的短板与问题。为了更好推动西部科学城建设，加快成渝地区双城经济圈形成具有全国影响力的经济中心、科技创新中心、改革开放新高地、高品质生活宜居地，我们需要在以下几方面做出努力。

（一）推动重庆、成都两地科学城创新协同发展

围绕建设具有全国影响力的经济中心和科技创新中心，依托成渝地区双城经济圈、西部陆海新通道、中新互联互通示范项目等战略叠加优势，充分发挥西部科学城重庆、成都两园区综合交通枢纽和市场资源优势，聚焦汽车、电子、医药、材料、航空等领域，以西部科学城建设为抓手，推动重庆、成都两地共建分工合理、错位发展、高效协同的现代产业体系，打造具备全球竞争力的产业集群。

充分发挥两地丰富的科研创新资源，吸引高端创新要素集聚西部科学城，围绕产业链构建创新链，围绕创新链布局产业链，打通产学研用创新发展全链条。在光电信息、未来医学、先进能源、空天技术等"卡脖子"关键核心技术领域，新能源汽车、集成电路、航空航天等优势产业领域，推动两地高校和科研机构及市场主体联合开展技术攻关，共建国家实验室、大科学装置等一批重大科研创新平台，打造全国重要的科技创新中心。

布局完善新一代信息基础设施，加快5G网络建设，大力推动数字产业化、产业数字化，促进大数据、人工智能、区块链等新一代信息技术与实体经济深度融合，推动数字技术创新应用于传统产业，加快各领域数字化转型升级，以新技术、新标准、新体系催生新经济，联合打造国家数字经济创新发展试验区，建设具有全国影响力的产业创新应用体系。

（二）打造成渝双城经济圈产业发展轴，构建具有全国影响和牵引力的经济中心

围绕特色优势产业，完善区域产业分工体系，增强极核城市产业发展辐射效应，培育一批区域副中心城市，构建快捷高效、无缝

对接的区域内部现代化交通通信体系，打造6小时以内从成都—重庆到达"北上广深"的高铁主轴线路。在成渝地区内部实现区域性的"快马拉慢马、慢马追快马"的微观发展格局，建设中国经济增长第四极；在全国范围内形成"成渝—京津冀—长三角—粤港澳大湾区"巨大菱形经济地理构架，形成全国性的"快马拉慢马、慢马追快马"的宏观"板链拉动"态势，实现全国性共同跨越"中等收入陷阱"和社会主义现代化建设的宏伟目标。具体而言，以重庆主城都市区为中心，成都、宜宾、万州、南充为延伸方向，根据经济发展水平、产业基础、自然禀赋，选取优势产业，加快上下游产业配套分工布局，形成4条差异定位、协同发展、产业联动的成渝地区双城经济圈的产业发展主轴。

一是渝中部科技创新主走廊，设立荣昌、铜梁、自贡、遂宁等西部科学城拓展园区，以西部（重庆）科学城、西部（成都）科学城、绵阳科学城为主战场，充分发挥产业、资金、人才、高校、科研院所、大型企业等优势，围绕集成电路、新能源汽车、航空航天、轨道交通、医疗设备、生物医药、畜牧业、特色农业等产业，形成"理论突破—技术研发—转化应用"创新链，建设具有全国影响力的经济中心与科技创新中心核心承载区。

二是川江科技创新走廊，设立江津、永川、泸州、宜宾等西部科学城拓展园区，依托西部陆海新通道、自贸区、长江经济带等重大战略，围绕食品、贸易、金融、运输等产业，打造聚焦食品生产、金融科技、交通运输、现代物流等细分领域的特色化科技创新中心与产业集群。

三是三峡—武陵创新走廊，设立长寿、涪陵、万州、黔江等西部科学城拓展园区，服务长江生态保护、乡村振兴，围绕农业技术、中药研发、绿色食品、文化旅游、生态保护、页岩气开发等领域，打造在生态保护、乡村振兴方面具有示范性的绿色经济创新发展区。

四是嘉陵科技创新走廊，培育广安、阆中等城市节点，围绕汽车制造、文化旅游、农业产业，共同围绕巴渝文化，以智慧文旅为导向，打造巴渝文旅走廊。

（三）加强科学城对外开放窗口作用，提升国际要素集聚利用能力

西部科学城围绕"一带一路"倡议和RCEP（区域全面经济伙伴关系协定）、长江经济带、西部陆海新通道等重大战略，加快重庆第二国际机场规划建设，大力发展全货运航空运输，加强西部科学城与成渝机场群、铁路、港口等多式联运枢纽深度协作。整合成渝两地自贸区和综保区等开放平台资源，依托中新（重庆）战略性互联互通示范项目，共同组建具有世界影响力的"空铁海路"联运集群，打造"一带一路"和西部陆海新通道进出口商品集散中心，建设一批高质量、高技术的出口加工基地与国别合作园区，培育中国重要的内陆现代化开放型产业基地。加快全球技术、资金、人才等要素聚集西部科学城，大力发展货物与服务贸易，吸引国际高端服务企业落户西部科学城，推动现代服务业发展，加快与RCEP、"一带一路"沿线国家金融互联互通，推动西部科学城重庆、成都两园区共建西部金融中心，加强国际大型科技创新交流活动、平台建设，针对RCEP、"一带一路"沿线国家，依托智博会、西洽会等重要交流活动，开设国际性科技创新峰会、科技创新博览会，鼓励四川大学、重庆大学等相关科研机构在西部科学城承办各类高水平的国际学术会议、展览会等，丰富与拓展各类国际交流活动，打造具有国际影响力的创新思想交流互动平台和科技创新成果展示、发布、交易平台，进一步向世界彰显成渝地区科技创新影响力。

第四章

重庆创造高品质生活的生态建设：系统把握"双碳"目标

重庆地处长江流域，高品质生活建设进程中的环境保护与可持续发展尤为重要。为了缓解全球气候变暖的压力，国家主席习近平在联合国大会上提出中国力争在2030年实现"碳达峰"，2060年实现"碳中和"，简称为"双碳"目标。"双碳"目标既是大国责任担当的体现，是人民对美好生活向往的需要，更是重庆高品质生活生态建设的重要目标。系统观念是具有基础性的思想和工作方法，同时也是"十四五"规划时期经济社会必须遵循的原则之一。习近平总书记强调要把系统观念贯穿"双碳"目标全过程。2023年12月，重庆市委召开经济工作会议，全面贯彻落实党的二十大精神和中央经济工作会议精神，总结当年经济工作，研究部署2024年经济工作，提出要谋深做实进一步推进长江经济带高质量发展的有形载体和有效抓手，一体推进治水、治气、治土、治废、治塑、治山、治岸、治城、治乡，持续提升全域生态环境质量，深入实施绿色低碳转型行动，持续用力绘制城乡整体大美画卷。截至2023年，重庆碳市场累计交易碳排放权指标4593万吨、10.12亿元；已落地一批气候投融资典型项目，29个项目完成融资总金额73.2亿元，带动减碳效益260万吨；2024年将积极围绕美丽重庆建设中心任务，有节奏、分步骤推动"碳达峰""碳中和"，强化碳强度下降的导向作用，推动能耗"双控"逐步转向为碳排放"双控"。

本章探讨如何把系统观念贯彻到实现"双碳"目标工作中，剖析中国碳排放现状，探讨能源结构、产业结构、能源强度对碳排放的影响，从碳排放精准核算、生态系统碳增汇、社会系统碳减排三方面探索"碳中和"的实现路径，探讨重庆在生态文明建设和环境保护方面所采取的措施和实践效果，阐释在习近平新时代中国特色社会主义思想指导下，重庆通过加强生态建设创造高品质生活的具体实践效果。

一、重庆高品质生活的生态建设进程中系统把握"双碳"目标的理论基础

生态环境与我们每个居民的生活质量息息相关，创造高品质生活离不开良好的生态建设。党的十八大以来，以习近平同志为核心的党中央坚持系统观念，统筹中华民族伟大复兴战略全局以及世界百年未有之大变局，统筹推进"五位一体"总体布局并协调推进"四个全面"战略布局，推动党和国家事业取得历史性成就和发生历史性变革。2022年1月24日下午，习近平总书记在主持中共中央政治局第三十六次集体学习时强调，实现"碳达峰""碳中和"，是贯彻新发展理念、构建新发展格局、推动高质量发展的内在要求，也是党中央统筹国内国际两个大局作出的重大战略决策。习近平总书记强调，要把系统观念贯穿"双碳"工作全过程，注重处理好发展和减排、整体和局部、长远目标和短期目标、政府和市场四对关系。

习近平总书记在2020年第七十五届联合国大会上宣布提高中国自主贡献力度，将采取更有力的政策与措施，力争二氧化碳排放在2030年实现"碳达峰"，2060年实现"碳中和"，这两个目标简称"双碳"目标。从概念内涵看，"碳达峰"和"碳中和"中的"碳"均是指以二氧化碳为代表的温室气体，"碳达峰"指碳排放达到峰值后进入平稳下降阶段，"碳中和"则是将一定时间内全世界（或一个国家、地区）直接或间接产生的温室气体排放总量通过植树造林节能减排等形式抵消而实现的二氧化碳零排放的过程，两者统称为"双碳"目标。事实上，"双碳"目标的提出获得了国际社会的广泛认可，在此后的众多重要会议上，习近平总书记反复强调了"双碳"目标的重要性。

"双碳"目标之所以重要，是因为二氧化碳等温室气体浓度创

历史新高，将引发气温升高、冰川融化、海平面上升、水温升高等一系列气候和环境变化。特别是这些增加的热能提供给空气和海洋巨大的动能，更容易引发大型或者超大型台风、飓风海啸等自然灾害，进而造成占全球 GDP 5%左右的经济损失。世界卫生组织早在1986年就预言：如果气候持续变暖，到21世纪初，原只在南半球落后区流行的多种热带疾病将蔓延至北半球，每年将有5000万~8000万人染上热带疾病。换句话说，如果目前全球变暖的趋势得不到有效控制，人类将会面临更多非本土传染病发病和死亡的威胁。碳排放带来的系列问题已经引发了世界各国的广泛关注。尽管种种历史证据表明，早期完成工业化的发达国家应该对人类绿色低碳转型承担更大的责任。然而，值得注意的是，经过改革开放40多年来经济的飞速发展，中国已成为了仅次于美国的第二大经济体，全球影响力也在不断攀升。作为全球最大的发展中国家，中国同样不能置身事外。并且，历史经验揭示了只有坚持绿色可持续发展才能适应自然规律。同时，中国社会主要矛盾已经转化为人民日益增长的美好生活需要和发展不平衡不充分之间的矛盾，绿色生态环境是美好生活需要的重要内涵和必然选择。因此，降低碳排放不仅仅是我们作为大国的一种责任担当，更是符合人民对美好生活向往的基本要求。

习近平总书记强调，在实现"双碳"目标过程中必须牢牢把握"系统"观念。在马克思主义哲学的视野中，系统是标志事物联系和发展的特定形式的重要范畴与基本观点。系统观念是马克思主义的基本原理和重要内容，系统是由互相作用、互相依赖的若干组成部分结合而成具有特定功能的有机整体；系统观念强调要从事物的总体与全局以及从要素的联系与结合上研究事物的发展与运动，找出规律，然后建立秩序，最终实现整个系统的优化。自觉从系统观念出发并且把握事物本质及其发展规律，善于运用系统观念洞察问题，然后分析问题，最后解决问题，是马克思主义经典且应用性较强的理论思维特征，也是我们党在领导革命、建设革命以及改革中凝练的重要思想方法及工作方法。

系统是整个系统科学体系中的一个非常重要的理论支点。该概念形成和完善于人类的长期社会实践活动。苏联出版的《哲学百科全书》中曾介绍道：从哲学角度出发，系统是世界的秩序。现在我们国内一些学者提出，当代系统观念是关于事物"整体性"的方法与思想。这种整体性思想一般用来表达自然界的统一性，把万事万物当作一个相互联系并且有机的整体。贝塔朗菲认为系统可定义为"处于相互关系中并与环境相互联系（从而形成组织整体）元素的集合"。同时，贝塔朗菲也认为我们可以从不同的角度来理解"系统"，把"系统"看作一种物质实体，或者是一种概念模型。当代系统观念的科学性基础出自于贝塔朗菲对"系统"概念的定义，正是这种严谨的数学化和形式化的定义，科学地表达了系统整体性的特征。总的来说，整体性是系统观念中最重要的特性。

在系统观念被提出来后，较多学者提出了该观念如何应用到各个领域。一些学者认为系统观念在推进城市生态保护路径中的应用，并且提出了合理化的改进建议，对城市的生态保护路径创新之路提供了一个科学的分析和实践的指导。运用系统观念需要构建科学思维，需要处理好历史、现实与未来，全局和局部，战略和战术，难点与重点这四种关系。在中国的生态文明建设进程中，阐述了构建生态文明制度应该遵循的组织结构、价值取向、执行效能以及生态文明建设的客观规律，在处理复杂局势时，应该要牢固树立前瞻性的整体性观念，并且要处理好长期战略与应急措施之间的关系，国家发展与全球合作之间的关系，传统产业与数字产业的关系，金融监管与金融创新的关系，虚拟经济与实体经济的关系，西方文化与东方文化之间的关系。举一个例子，系统观念在抗击疫情过程中就体现在全局谋划和全面部署、坚持全国一盘棋、战略性部署、前瞻性思考以及秉持人类命运共同体理念等方面。

二、当前碳排放问题的现实状况

随着第二次世界大战结束后十几年的恢复调整与加速发展，20世纪60—70年代全球各个国家的经济都进入了普遍繁荣阶段，美国经济增长甚至出现了一个被西方经济学家称之为"黄金时代"的时期。而此时各个国家的碳排放总量也呈现出稳步上升的现象（如图3所示），该阶段美国的碳排放总量也是位居世界首位的。20世纪70—90年代欧洲和日本的经济快速发展，日本成功崛起为世界第二大经济体，美国的经济霸主地位有所下滑。相应地，美国碳排放增长趋势有所平缓，而日英法三国的碳排放量经历了一个上升期。1990—2000年，中国、印度等新兴市场国家快速成长，在此阶段中国和印度两个国家的碳排放也保持着稳定增长。

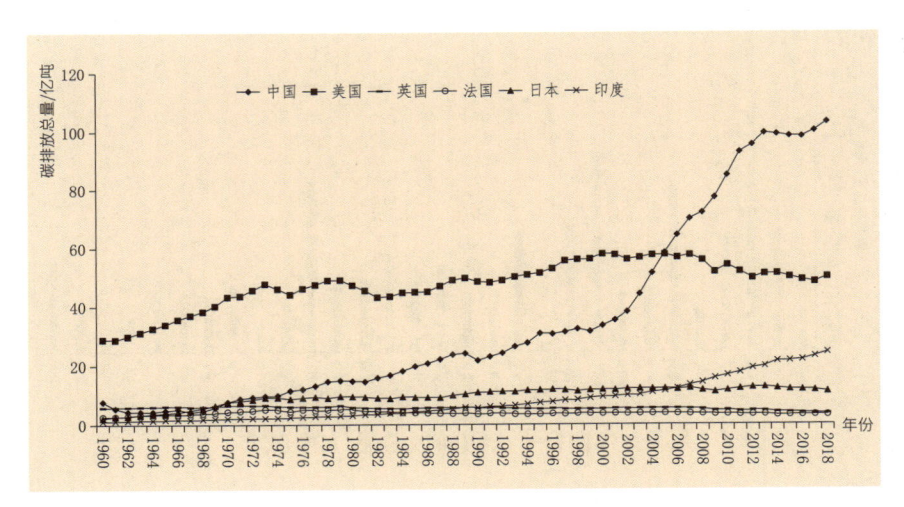

图3　1960—2018年主要国家的碳排放总量

21世纪以来，中国和印度等发展中国家在加速推进其工业化和城市化进程，需要消耗大量能源，在图中也可以看出，中印两国碳排放量不断攀升，值得一提的是，2001年12月中国加入世贸组织，这一事件大大提高了中国对外开放程度，并渐渐成为了世界工厂。此后2002—2013年大约12年的时间，中国的碳排放量从38.1亿吨激增到99.4亿吨，几乎是之前的3倍，并于2005年超越美国成为全球最大的碳排放国。2013年后中国碳排放的增速显然已经缓慢下降，而印度的碳排放量还在保持高速增长的状态，并且已经超过了英法日。而此时西方发达国家已基本完成其工业化运动，其产业也逐渐趋于高级化、合理化，此时美英法日的碳排放已经走向缓慢下降阶段。

其次，中国地域辽阔，各个地区的人口规模、经济发展和资源禀赋存在差异，上述因素会造成各个省份碳排放量存在些许不同。从图4可以看到碳排放量靠前的省份有山东、内蒙古、河北、江苏、广东、山西和新疆，这些省份大部分为人口大省或者是经济产出较多的省份，碳排放量较少的省份或直辖市有海南、青海、北京和天津。

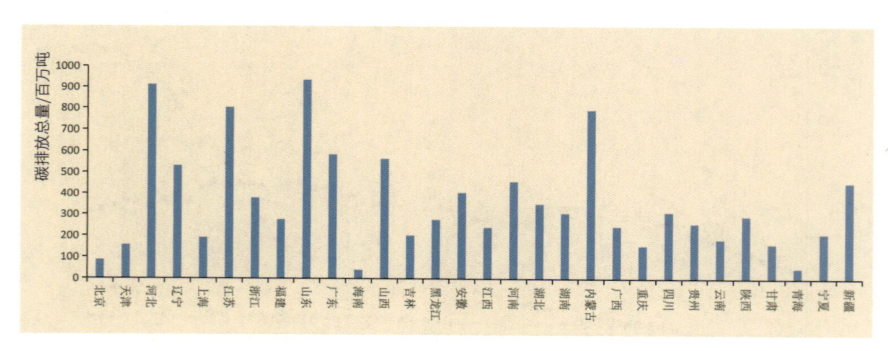

图4 中国各省份碳排放总量（2019年）

虽然中国的碳排放量位居全球第一，但中国的人口总量也是排名全球第一的。考虑到各个国家的人口数量存在差异，以国家为单位去衡量碳排放总量难免有失公允。为此，图5展示了各个国家的人均碳排放情况。1960—2018年间，美国的人均碳排放都居于首位且远远高于其他国家。以2018年为例，美国的人均碳排放是中国的2.1倍，是英国的2.8倍，是法国的3.3倍，是日本的1.7倍，是印度的8.5倍。人均碳排放的波动趋势可以归纳为：上升期（第一阶段）、波动过渡期（第二阶段）、下降期（第三阶段）。如图5所示，使用红色表示上升期，使用绿色表示波动过渡期，使用黄色表示下降期。以美国、英国、法国、日本为代表的发达国家均先后经历了上升期、波动过渡期，现如今已经进入下降期阶段（第三阶段）。中国在经历很长一段上升期后在2014年后逐渐步入波动过渡期（第二阶段）。而印度则处于上升期（第一阶段）。

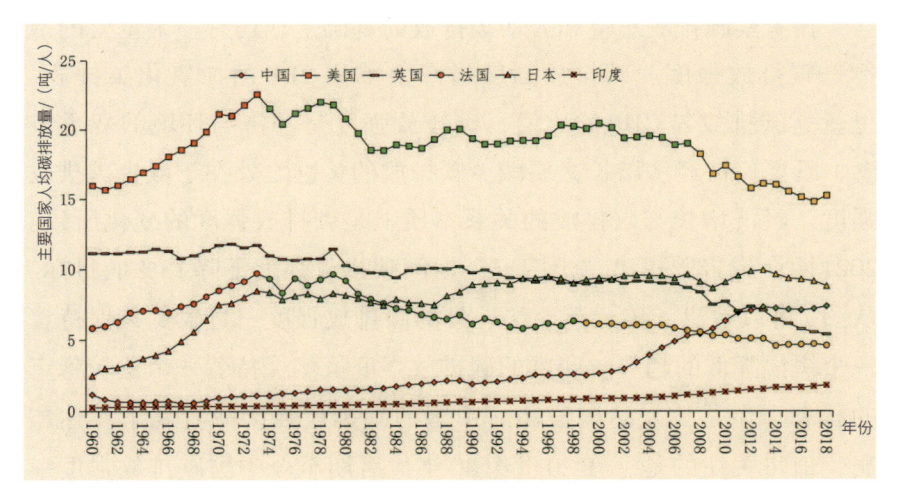

图5　1960—2018年主要国家的人均碳排放量

具体到中国，各省区市的情况也有所不同。图6展示中国各个省区市人均碳排放的现状，其中内蒙古、宁夏、新疆的人均碳排放在全国排名比较靠前，可能与这几个省区市丰富的矿产资源有关，因此比较倾向于使用煤炭，并且这些地方地广人稀难以形成规模效应，人均能源使用量比较高。

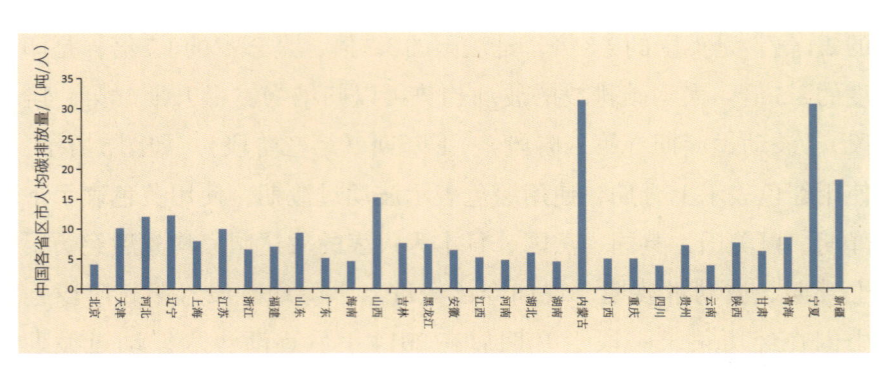

图6　中国各省区市人均碳排放量（2019年）

在考察碳排放总量和人均碳排放的基础上，还有一个重要的指标是碳排放强度。碳排放强度指产生单位GDP的二氧化碳排放，也就是碳排放与GDP的比值，碳排放强度是经济与环境的双重概念，既要保持经济增长又要减少碳排放的关键之处在于减少碳排放强度。经济增长与碳排放的关系本质上是碳排放强度的变化所致。2021两会报告曾提出"十四五"期间碳排放强度下降18%的目标。从图7可以看出，美、英、法、日的碳排放强度一直较低并保持着一个缓慢降低的趋势。印度的碳排放强度虽然保持着一个比较稳定的状态，但是比发达国家高。中国的碳排放强度一直高于发达国家，值得关注的是，在20世纪80年代后期至今中国碳排放强度一直在减少，有望与西方发达国家持平。

那么具体到中国各个省区市的碳排放强度来说（图8），碳排放强度可以侧面反映不同省份之间技术水平的差异，一般来说技术水平越高，能源使用效率就越高，其碳排放强度越低。从图中可以看出北京、上海、广东、江苏和浙江等地区的碳排放强度比较低，而山西、内蒙古、新疆、宁夏等地区的碳排放强度比较高。这与当地的经济发展水平还有技术进步状态比较吻合。

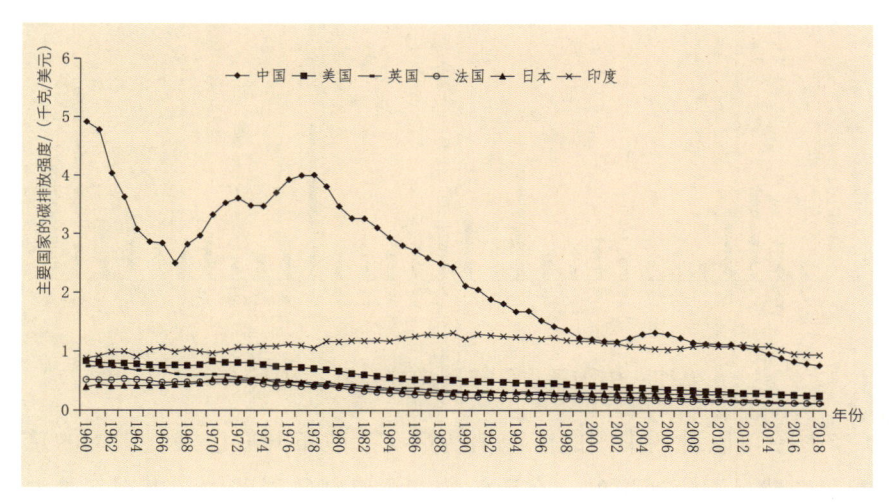

图7　1960—2018年主要国家的碳排放强度

碳排放问题与能源结构密切相关。中国是世界上最大的煤炭消费国和生产国。2020年中国煤炭在能源总消费的占比中超过50%，远高于同期世界平均水平（29%）。石油作为中国第二大能源，其消费比重也在不断增加。2021年，中国石油产量为3696万桶，位居世界第六。而水能、风能、太阳能、核能等清洁能源作为一种新型能源还处于开发阶段，在国内并没有大规模地生产使用。以2020年为例，中国能源消费一共为49.8亿吨（标准煤），其中煤炭消费为28.3亿吨，占总消耗量比重56.8%。究其原因是因为煤炭的存储量较大，并且煤炭对社会较多行业的发展和运转都起到了至关重要的作用。中国经济快速发展离不开大量廉价能源，相对于其他能源，煤炭有一定的价格优势，然而单位煤炭产出的碳排放也是最多的。以发电为例，产生单位发电量燃烧煤炭带来的碳排放是石油的1.3倍。因此，以煤炭为主的能源结构必然会导致碳排放的增加。

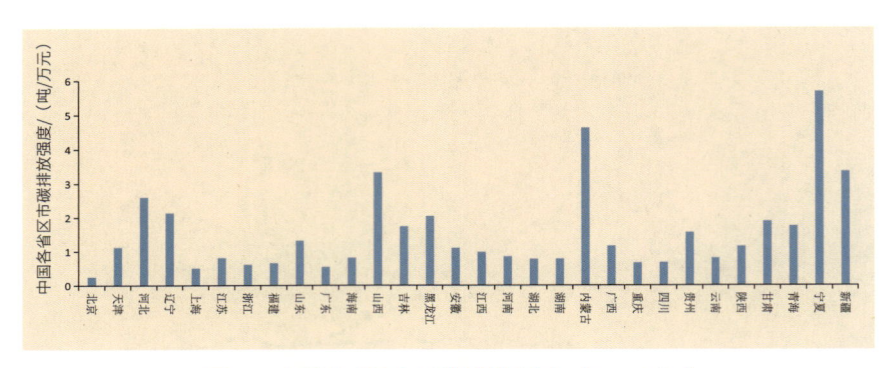

图8　中国各省区市碳排放强度（2019年）

图9可以看到中国的能源消费情况。改革开放以来，中国的总能源消费是逐年递增的，在历年的能源燃料的消费中，煤炭都是占据首要位置。以2020年为例，中国一共消费49.8亿吨标准煤，煤炭消费28.3亿吨，占一次能源消费的56.8%。石油消费9.4亿吨，占一次能源消费的18.9%。天然气消费4.2亿吨，仅占一次能源消费的8.4%。清洁能源消费7.9亿吨，占比15.9%。其中，清洁能源主要指水电、风电、核电、太阳能，如下统称为清洁能源。2011年国家能源局发布了《煤炭产业政策》并于第八章明确指出实施节约优先的发展战略，加快资源综合利用，按照减量化、再利用、资源化的原则，综合开发利用与煤共伴生资源和煤矿废弃物。至此，煤炭的消费总量在中国逐渐稳定不再攀升，并且，煤炭的消费占比持续下降。而随着中国新能源政策的不断推行，清洁能源的占比以较快的速度在持续增加中。《"十四五"现代能源体系规划》要求加快推动能源绿色低碳转型、大力发展非化石能源，相信中国未来的能源结构将会更加绿色低碳。

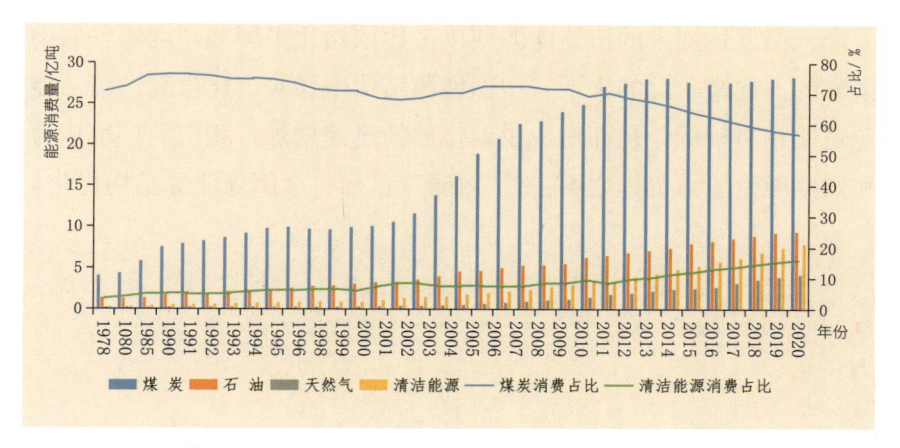

图9　1978—2020年中国能源消费及占比情况

图10画出了1966—2018年间主要国家的煤炭消费占总能源消费的比重，可以看出中国是所有国家中煤炭消费占比最高的国家，而印度则排名第二。从变化趋势来看，中国自2010年起就减少了煤炭的消费占比，而印度还没有引起重视。反观发达国家，对煤炭的消费一直保持着一个相对于发展中国家较低的水平，即便如此，也依然还在降低煤炭的消费占比。

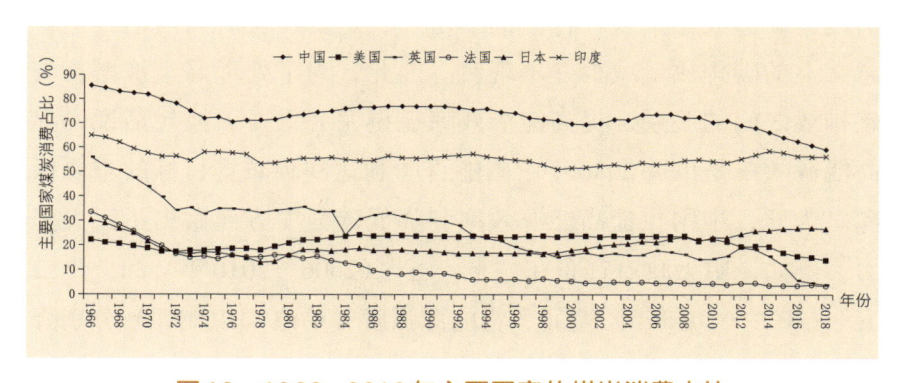

图10　1966—2018年主要国家的煤炭消费占比

图11进一步展示了各个国家的清洁能源消费占比情况，总体来看，各个国家的清洁能源消费占比都在不断攀升，对比分析发现，虽然日本在经历了福岛核电站爆炸后清洁能源的使用占比有所

下降，但发达国家的清洁能源使用占比依然比中国和印度等发展中国家的占比高。总的来说，中国能源结构中煤炭占比过高，清洁能源占比相对较低，从而造成了碳排放的迅速增加，相应的环境压力和国际舆论压力也挥之不去，"双碳"目标将会倒逼能源结构优化。

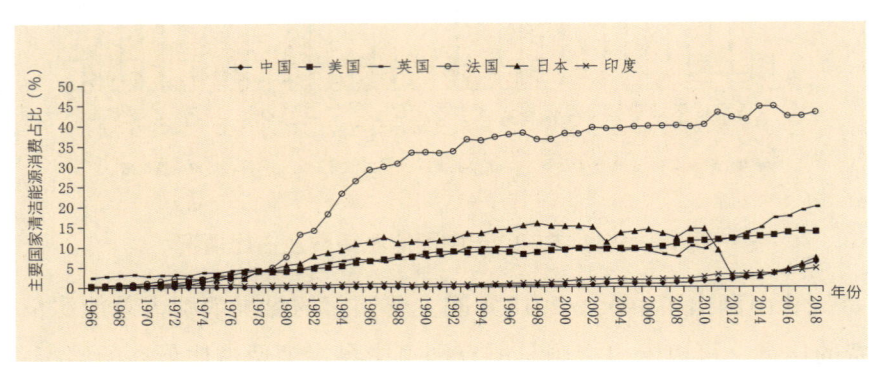

图11　1966—2018年主要国家的清洁能源消费占比

国际能源总署将单位产出的总能源消耗定义为能源强度。能源强度越低，能源效率就会越高。不少研究证实了二氧化碳排放量的大幅减少与能源强度有关。中国目前的经济增长依赖于能源消耗，碳排放总量预计将会继续增加，想要在短时间内达到绝对意义上的碳排放量减少并不现实。因此，为了处理好经济增长与碳排放之间的关系，提高能源效率显得尤为重要。换句话说，提高能源效率是事关2030年中国能否顺利达到碳减排目标的重要保障。为此，中国在提高能源效率和降低碳强度方面做出了巨大努力。例如，中央政府宣布在"十一五"（2006—2010年）和"十二五"（2011—2015年）期间，将能源强度（单位GDP能耗）分别降低20%和16%。

近年来，随着中国经济增长模式转变，服务业和能源强度较低的生产行业得到更快发展，能源密集型工业的发展则趋于缓和，最终导致全国能源强度加速下降。同时，在政府强有力的节能政策下，中国能源效率明显提高，由此带来了多重效益。从各个国家的能源强度变化图（图12）可以看出，自1990年以来，中国的能源强度总体上呈下降趋势，由1990年27.9吨标准煤/万美元下降至10.2吨标准煤/万美元，并于2008年下降至与印度持平，此后均低于印度。尽管在政府和企业的努力下，中国能源强度有一个较大的下降幅度。然而，与美国、英国、法国和日本等发达国家相比，中国的能源强度还相对偏高。以2018年为例，中国的能源强度是美国的2.1倍，是英国的4倍，是法国的2.6倍，是日本的2.5倍。横向对比发达国家来看，中国的能源强度还有较大的下降空间。

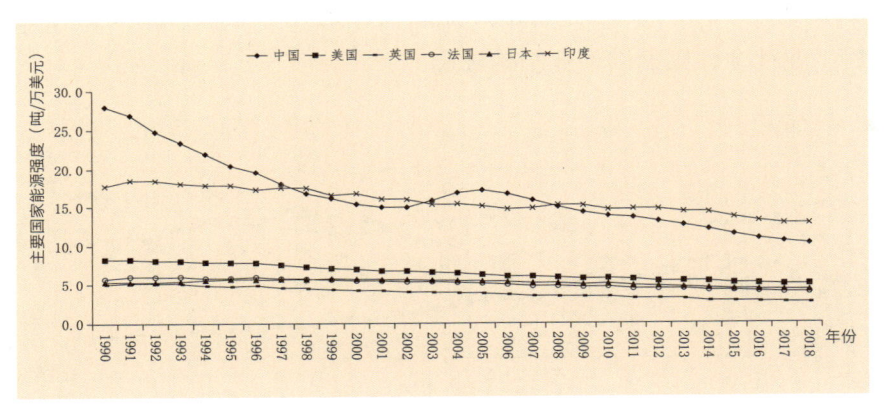

图12　1990—2018年主要国家的能源强度变化

不少理论和实践均表明，在应对全球变暖缓解气候变化的过程中，产业结构是影响碳排放的关键因素。不同的产业类型对能源的需求程度存在差异，第二产业中存在很多高耗能高污染的行业，例如采矿业、制造业、建筑业等，其对能源的需求最大，也是碳排放的主要来源部门。而第三产业主要包含服务业和科学研究技术服务等行业，因此对能源的需求较少，是比较清洁的部门。图13展示了中国的产业结构分布，从图中可以看出，在改革开放初期，中国第一产业占比有过短暂的上升，但是随着经济体制的改革，第一产业的占比已经从1978年的27.7%下降到了7.7%；而第二产业总体来说并没有发生太大的改变，一直维持着45%左右的占比，在

2013年以前，第二产业一直都是对经济贡献最大的部门，但是随着中国的产业结构调整，第二产业占比逐渐有下降的趋势，在2010年时，第二产业占比46.5%，而2020年则下降为37.8%，中国正处于"三进二退"产业结构升级的过程中，相信未来第二产业占比将会更低。改革开放以来，第三产业占比整体呈上升趋势，1978年第三产业占比24.6%，2020年第三产业占比则提升至54.5%，足足增加了一倍。在经济高质量增长的情况下，第三产业已经承担起国民经济的重要推动力量，驱使中国产业结构走向高级化合理化之路，形成了"3-2-1"倒金字塔形产业结构，这种产业结构也被称为是后工业社会化国家的产业结构标志。

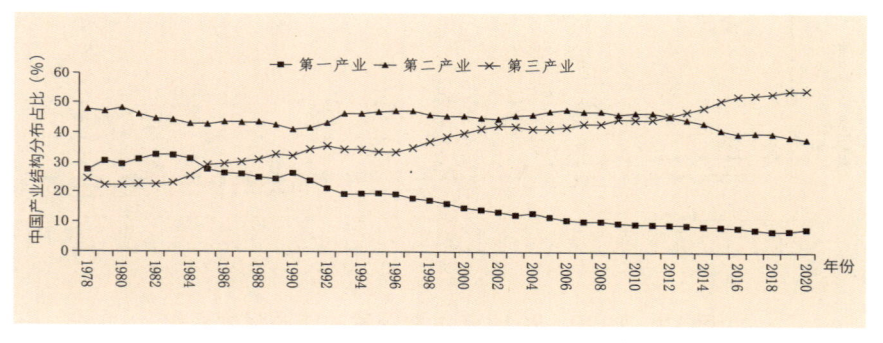

图13 1978—2020年中国产业结构分布现状

为了更全面认识中国产业结构现状，图14和图15分别进一步展示了各个国家第二产业和第三产业占比情况。从各国的第二产业占比对比中可以发现，中国的第二产业占GDP比重最高，甚至超过了同为发展中国家的印度，而西方发达国家的第二产业占比均维持着一个比较低的水平，近几年已经控制在30%左右。以2018年为例，中国第二产业占比为39.7%，是美国的2.1倍、英国的2.2倍、法国的2.3倍、日本的1.4倍、印度的1.5倍。而相对来说比较清洁的第三产业，中国和印度等发展中国家的占比情况远不如西方发达国家高，值得一提的是，兴许是政策的引导，中国的第三产业占比正逐年攀升。

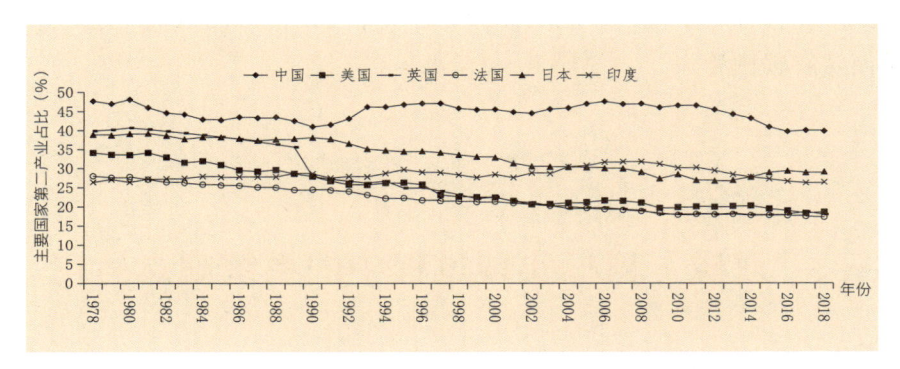

图14　1978—2018年主要国家第二产业占比

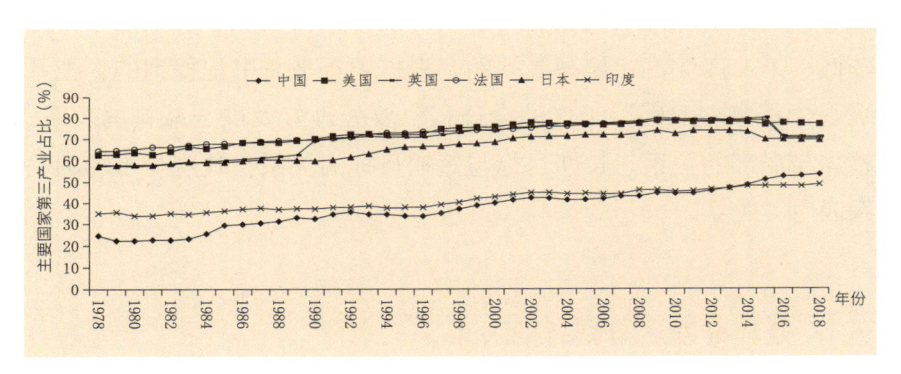

图15　1978—2018年主要国家第三产业占比

伴随着中国全面深化改革的推进，国民经济已经从高速增长转向高质量发展的新时代、新常态，创新驱动逐渐成为发展的重要动力，一些新兴产业已引领世界潮流，成为领跑者。经济结构也产生了重大变化，产业结构不断优化升级并已经进入"3-2-1"的金字塔模式，第三产业发展势头迅猛，成为了经济增长的主要来源部门。

然而与西方发达国家相比我们依然还存在第二产业占比过高、第三产业占比略低的问题。众所周知，第二产业是高耗能高污染的部门，而第三产业则多为清洁低碳部门，若想要实现"双碳"目标，中国的产业结构仍需要进一步改进，加快实现由第二产业向第三产业转移的步伐，才能从根源上解决中国对能源的依赖问题，从而缓解碳排放。

三、"双碳"目标实现过程中的系统观念运用

中国的碳排放目前存在碳排放总量偏高、碳排放强度仍需降低、各省区市碳排放现状差异较大、能源结构偏煤、清洁能源占比较低、第二产业占比偏高等问题。根据习近平总书记提到的，把系统观念贯穿"双碳"工作的全过程，要处理好发展与减排的关系、整体与局部的关系、长期目标与短期目标的关系、政府与市场的关系四对"关系"。

（一）处理好发展与减排的关系

要认识到减排不是减生产力，更不是不排放，而是要走生态优先和绿色低碳发展之路，在经济发展中促进绿色转型并且在绿色转型中实现更大发展。要坚持统筹谋划，在降碳的同时确保能源安全、产业链供应链安全、粮食安全，确保人民群众正常生活。即要保障减排又不能减少生产力的唯一途径是提高能源效率。经济上能源效率的释义是通过较少的能源投入得到更多的能源产出。20世纪90年代以来，中国的能源效率有了显著的提升，但是与发达国家相比，中国的能源效率还是偏低的。提高能源效率的方法主要有发展新能源，优化能源结构；调整产业结构，鼓励低碳产业的发展；发展可持续经济，实现绿色经济转型。其中，低碳发展是绿色经济转

型的核心内容。其次，在要求碳减排的同时要保障能源安全。能源与气候变化署将能源安全定义为能源供给不中断或者中断的可能性比较低。能源供应安全的主要影响因素包括资源禀赋、经济发展、政治形势、军事环境、运输和技术等因素。不管是从生产还是消费角度考量，中国都是名副其实的能源大国。目前中国能源现状是总量丰富，但是人均资源拥有量偏低。具体来说，中国人均煤炭、石油、天然气拥有量仅为世界平均水平的50%、7%、8%。中国经济的快速发展加速了我们对能源的消耗，国内的能源供给显然满足不了经济发展的需求，这促使我们不得不转向国外能源市场。在依赖国外能源市场的同时也提高了我们的能源可获得性的风险，比如说能源价格波动以及能源运输问题。除此之外，中国清洁能源的开采技术与国外也存在一定差距，清洁能源的可获得性技术风险也不容忽视。因此，我们还需要立足国内的需求，保障能源供给，同时还要面向全球采购。此外，还应加强对清洁能源技术的研发投入，重视对新能源的开采和推广工作。

（二）处理好整体与局部的关系

要处理好整体与局部的关系，首先要增强全国一盘棋意识，加强政策措施的衔接与协调，确保形成合力又要充分考虑区域资源分布和产业分工的客观现实，研究各地区产业结构的调整方向和"双碳"行动方案，不搞齐步走和一刀切。根据前文的现状描述，我们发现中国各个省区市的碳排放总量、人均碳排放以及碳排放强度各有差异。这是因为中国地域辽阔，不同省区市的资源禀赋、人口规模、经济发展水平之间存在显著差异，因此我们不能一概而论。以清洁能源为例，国内一些学者就曾指出中国东中西部在发展清洁能源的就应该采用不同的战略措施。具体来说，对于东部地区可以投入大量资本促进清洁能源相关技术的研发，因为东部地区是中国经济最活跃也是人力资本最聚集的地方；中部地区清洁能源的开发存在资源分散、规模小以及开发成本高的问题，因此中部地区在发展现有生物质能和水电等清洁能源的同时可以着手核电站的建立投产工作，扩大清洁能源的供应量，逐渐减少煤炭等化石燃料的燃烧；而西部地区因为水电资源优越，近几年我们也在大力开采和使用水电资源，然而随着西部地区经济的发展水平提高，其对能源的需求量也将进一步增加，但水电资源又是有限的，而西部地区拥有丰富的风能和太阳能，因此西部地区还可以加大光伏发电和风电厂的建设工作，充分发挥国土资源（特别是沙漠和戈壁）及风光资源丰富的天然优势，为中国能源绿色发展做出更大的贡献。

（三）处理好长期目标与短期目标的关系

处理好长期目标与短期目标的关系，既要立足当下，一步一个脚印解决具体问题，积小胜为大胜；又要放眼长远，克服急功近利、急于求成的思想，把握好减碳的节奏和力度，实事求是、循序渐进、持续发力。中国正面临城市化和工业化的特殊时期，在未来很长一段时间里，我们对能源的需求可能都是居高不下的，想要在短时间达到绝对意义上的碳减排是不太现实的。因此，在短时间里，我们可以通过制定可操作性强的五年计划来逐渐缓解碳排放增量。但是从长远来看，我们还需要对标西方发达国家，从能源供给端来说，我们要发展适合中国的清洁能源产业，提高清洁能源供给量。从能源需求端来说，我们要逐渐完成中国经济绿色转型，减少高污染、高耗能、高排放产业的占比，扶持清洁产业的发展，同时提倡绿色生活方式使绿色概念深入人心。

(四)处理好政府与市场的关系

政府和市场的关系要坚持两手发力,推动有为政府和有效市场更好的结合,建立健全"双碳"工作激励约束机制。碳减排工作具有一定的外部性,这必然需要政府的参与。虽然市场机制可以通过市场主体对各自利益的竞争、供求关系的变化和市场价格的波动调节经济运行。但是,市场自发的利益调节机制很有可能会忽视生态环境的需求,政府应该建立相应的利益协调制度,不仅满足人类的生存和发展需要,也要顾及生态环境、代际公平等。在"双碳"目标实现的路上,政府可以通过政策引导市场研发生产环保类产品,而政府也可以根据市场的需求向社会提供低碳类公共品。其次,企业的某些经营行为如节能减排技术、清洁能源开采技术的研发工作不仅会给企业带来利益,还会给社会整体带来正外部性。当社会利益大于企业私人利益时,会导致市场失灵,这就需要政府对此进行补贴、减免税收以及提供相应的税收优惠政策等。总之,我们一定要充分激发市场活力,同时也要有政策的宏观调控进行调节,将有效市场和有为政府有效地结合在一起,共同为"双碳"目标而努力。

四、碳中和实现路径探索

(一)碳排放测算

"碳中和"是指企业、团体或个人测算在一定时间内直接或间接产生的温室气体排放总量,通过植树造林、节能减排等形式,以抵消自身产生的二氧化碳排放量,实现二氧化碳"零排放"。从碳中和的概念中我们可以得知，在探索如何实现碳中和目标前我们要精确地测算出碳排放的具体数量，其次碳中和的实现途径主要是减排和增汇。学术界普遍认为碳中和实现路径可以归纳为：第一，我们要通过科学的方法对碳排放的总量进行精准核算；第二，我们要在社会系统领域里面通过各种方式减少碳排放；第三，对于不可避免的碳排放我们要通过人为手段进行碳封存也就是增汇。图16展示了二者的关系：

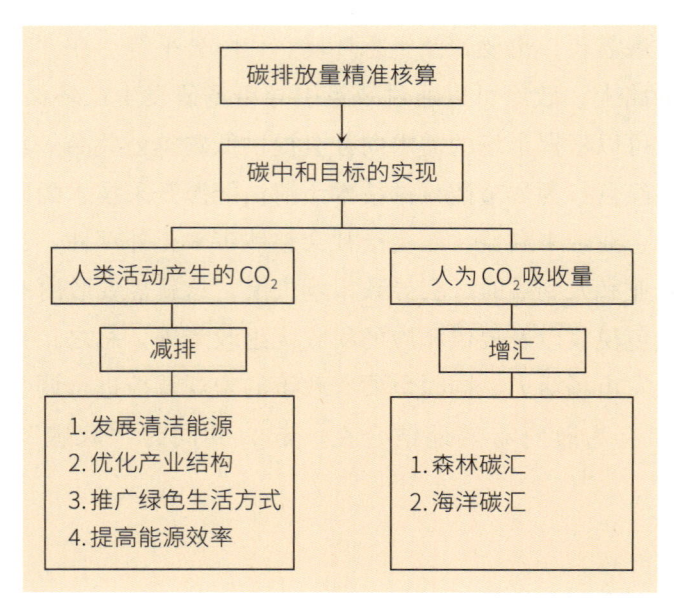

```
             ┌──────────────────┐
             │  碳排放量精准核算  │
             └────────┬─────────┘
                      ↓
             ┌──────────────────┐
             │  碳中和目标的实现  │
             └────────┬─────────┘
              ┌───────┴────────┐
      ┌───────────────┐  ┌───────────────┐
      │ 人类活动产生的CO₂│  │ 人为CO₂吸收量  │
      └───────┬───────┘  └───────┬───────┘
          ┌───┴───┐          ┌───┴───┐
          │  减排  │          │  增汇  │
          └───┬───┘          └───┬───┘
   ┌──────────────────┐    ┌──────────────┐
   │ 1.发展清洁能源    │    │ 1.森林碳汇    │
   │ 2.优化产业结构    │    │ 2.海洋碳汇    │
   │ 3.推广绿色生活方式│    │              │
   │ 4.提高能源效率    │    │              │
   └──────────────────┘    └──────────────┘
```

图16　碳中和目标实现路径

想要如期实现碳中和目标，必须要精确地测量碳排放的总量，以评估中国需要在碳增汇方面所做的工作量。20世纪末以来，发达国家的政府以及相关组织便开始着手碳排放的核算工作。目前国际上针对碳排放的核算方法主要有两种，一种是自上而下的碳排放核算体系，该方法主要以政府间气候组织IPCC所提出的《IPCC国家温室气体指南》为代表，它的计算方法是：将国家或者某区域主要的碳排放来源进行分类，然后在各种大类中再细分子类，层层分解碳排放来源，该方法的应用性强，普适性高；另外一种是自下而上的碳排放系数核算方法，该方法基于企业产品以及项目的核算体系，典型的自下而上的方法有：世界资源研究所（WRI）和世界可持续发展工商理事会（WBCSD）联合发布的温室气体核算体系（GHG protocol）、国际标准化组织（ISO）发布的温室气体系列标准如ISO14064《温室气体核证标准》、英国标准协会（BSI）发布的"公共可用规范（PAS）"。由于自下而上的碳排放核算方法更侧重于对具体产品以及企业的碳核算考察，难以涵盖经济生活的各个方面，也不能包含所有企业和产品的碳核算考察。因此，在碳排放的测算工作时，自下而上方法相比较于自上而下方法会存在一定的局限性。中国目前采用的是以自上而下为主，自下而上为辅的碳排放测算方法，中国碳排放的主要来源是能源活动、工业生产过程、土地利用变化和废弃物中的碳排放。

大气中的碳排放主要来源于能源活动，国内外学者和机构对碳排放量的测算方法主要采用《IPCC清单指南》方法。该方法在国际社会中得到了较高的认可度，具有非常广泛的适用性，并且中国在编制国家温室气体排放清单时也参考了该方法。因此，我们也着重介绍该方法。

大气中绝大部分的二氧化碳来源于化石燃料的燃烧，能源活动是最重要的碳排放来源。IPCC第二章中关于能源活动的碳排放核算指出，不同的化石能源燃料其碳元素的含量存在差异。并且，由于化石燃料在燃烧的过程中不可能实现完全燃烧，也就是说化石燃料中的碳元素不会完全以二氧化碳的形式排放，该过程还会产生一些其他的温室气体如甲烷。因此，在计算化石燃料燃烧的过程中我们还需要考虑不同化石能源的氧化系数以及低位发热值，可以通过下面这个表格（表5）找出各类能源的系数：

表5　化石燃料的相关系数

能源	低位发热量（kJ/kg）	含碳量（kgC/GJ）	氧化率（%）
原煤	20908	26.37	0.98
洗精煤	26344	25.41	0.98
其他洗煤	10454	25.41	0.98
型煤	17584	33.60	0.90
焦炭	28435	29.50	0.93
焦炉煤气	173540	13.58	0.99
其他煤气	202218	12.20	0.99
其他焦化产品	38099	29.50	0.93
原油	41816	20.10	0.98
汽油	43070	18.90	0.98
煤油	43070	19.60	0.98
柴油	42653	20.30	0.98
燃料油	41816	21.10	0.98
液化石油气	50159	17.20	0.98
炼厂干气	46055	18.20	0.98
其他石油制品	35168	20.00	0.98
天然气	389310	15.30	0.99

除了能源活动过程会产生大量碳排放外，工业生产过程也是碳排放的来源之一。工业生产过程中的碳排放主要来源于金属产品（钢铁）、建材产品（水泥）以及化工产品（合成氨）的生产。中国的合成氨、钢铁和水泥的产量都位居世界前列，然而这些产品的生产过程均会因为化学反应而产生大量二氧化碳。因此，工业生产活动的碳排放测算主要介绍水泥、钢铁、合成氨生产过程中需要消耗的碳排放。

水泥生产过程中的碳排放主要来自于其中间产品的生产过程，水泥生料经过高温燃烧发生化学反应后会产出二氧化碳。钢铁生产过程中的碳排放可以分为碱性氧气转炉、电弧炉和平炉三个阶段产生。在碱性氧气转炉中，高纯度的氧与熔化铁中的碳结合进行放热反应时会伴随着二氧化碳的排放；在电弧炉中，生产钢则是通过碳电极使装料的点能融化，对填加的废钢提炼并产生合金后而炼成，所以随着碳电极的消耗而产生二氧化碳；在平炉中以冶金焦还原铁矿石中的铁并起到放热反应的作用，这个过程也会产生二氧化碳。

最后，工业生产活动中合成氨的生产也会伴随二氧化碳的排放。近年来，中国合成氨产业从生产规模、管理水平、技术水平等方面都有显著提升，合成氨的产量也不断增加。我们可以从下面这个表格（表6）看出各种工艺的碳排放系数：

表6　工业生产活动中不同工艺的碳排放因子系数

工艺种类		二氧化碳排放因子系数
水泥生产（CO_2/吨熟料）		0.52
钢铁（吨CO_2/吨粗钢）	碱性氧气轻炉 BOF	1.46
	电弧炉 EAF	0.08
	平炉 OHF	1.72

除了能源消耗和工业生产以外，还有一项容易被大家忽视的是废弃物中的碳排放。随着城市化进程的加快以及人口规模的不断扩大，中国废弃物的排放量也日益增加。大量废弃物的产出不仅要影响到人民的生活质量，而且还要关系到碳排放。与能源活动和工业活动相比，固体废弃物产出的碳排放相对较少，因此经常被忽略。然而，随着中国固体废弃物的日益增多，我们已经超过美国成为世界上最大的固体废弃物排放国，相应的碳排放量也是不容小觑。

（二）社会系统碳减排

碳中和的实现路径不可避免地需要我们碳减排，目前关于碳减排的有效方式主要包括发展清洁能源、提高能源效率、优化产业结构、提倡绿色生活方式。

第一，发展清洁能源。

从狭义上讲，清洁能源是指在开采、使用和排放整个过程中对生态环境均不会造成任何污染的能源。清洁能源包括核能和可再生能源（水能、风能、生物能、太阳能、海洋能）。发展清洁能源的必要性在于经济的发展离不开能源的支撑，而传统化石能源的燃烧会产生大量的温室气体加剧全球气候变暖，而清洁能源在开采使用过程中均不会给环境带来负面影响。因此，为了促进经济可持续发展，必然要大力发展清洁能源。发展清洁能源是从能源消费端控制碳排放的重要举措。

目前中国清洁能源的发展现状可以从如下几个方面阐述。首先是核电，核电作为中国主要的发电来源之一，其地位仅次于水电和煤炭。截至2021年中国一共有19座核电站。其次是太阳能，太阳能是非常清洁的可再生能源，并且在中国得到了广泛的使用，主要运用于太阳能热水器。再次是生物质能，生物质包括所有的植物、微生物以及以植物、微生物为食物的动物及其生产的废弃物。有代表性的生物质如农作物、农作物废弃物、木材、木材废弃物和动物粪便。中国生物质能储量非常丰富，超过一半的生物质能存储在农村，同时也主要应用于农村。水能在中国早已得到了大规模的使用，随着国家经济社会的快速发展和改革的不断深入，中国的水电发展先后较好地解决了技术、资金、市场和体制等制约问题，以超过每10年翻一番的速度发展，取得了令世人瞩目的成就。比如说，三峡水电站不仅是中国最大同时也是世界最大的水力发电站，截至2021年，中国已经建成并投产了37个装机容量在120万千瓦以上的水电站。中国风能资源也很丰富，风能在中国的利用也很成熟。近年来，中国风电发展非常迅猛，无论从装机容量、风电制造能力还是发展规模来看，中国都是风电大国。

虽然中国清洁能源发展之势迅猛，但目前还存在产业基础薄弱，核心技术有待突破；清洁能源资源分布不均，缺乏全局性统筹规划；清洁能源政策支撑体系和市场保障机制有待进一步完善等问题。关于清洁能源的未来发展之路，还需要技术创新的带动，清洁能源的大规模开发利用关键就是技术的突破。如果这一根本性问题得不到解决，那么我们就没有资本进行清洁能源的开发和利用，如果单靠引进西方发达国家的技术，那么中国不仅会在技术方面受制于人，还可能影响中国能源的安全。应该针对清洁能源的发展制定相应的制度和政策加以保障。中国为发展清洁能源也做出了相关的努力，中国先后出台了多部法律，但中国清洁能源在发展过程中还缺乏相应的质量监督认证系统、没有相关的技术标准和政策扶植。这直接制约了中国清洁能源的产业化发展。因此，现阶段中国首先要制定相关的扶持性政策，大力支持和鼓励清洁能源的开发和利用，不断扩大清洁能源在中国能源结构中的比例，同时扩大清洁能源的应用领域。最后，中国清洁能源的发展需要借鉴世界其他国家的有益经验，因此要积极参与国际清洁能源领域的合作。中国清洁能源的发展与国外发达国家相比存在着明显的劣势，如中国清洁能源的研发和应用水平都远远落后于世界发达国家。因此，中国应该积极参与到清洁能源的国际合作与竞争中去，加强与清洁能源技术强国之间的合作与交流，加快对中国急需的先进技术和设备的引进，学习其他国家的长处，借鉴其发展的经验和教训。

第二，提高能源效率。

1995年世界能源委员会把能源效率定义为减少提供同等能源服务的能源投入，该定义一直沿用至今。根据前文的现状分析，中国碳排放强度虽然有所降低，但是与西方发达国家相比中国的碳排放强度还是偏高的，这意味着获得同样的经济产出中国将会产出更多的碳排放。虽然近几年中国的经济增速有所放缓，但是根据"十四五"规划，中国的经济依然要维持5个点左右的增长率，想要维持给定的经济增长又要降低碳排放的唯一方式是要提高能源效率。提高能源效率对于我们转变经济发展方式、建设环境友好型以及资源节约型社会具有重要意义。对于能源效率的影响因素识别工作一直是众多学者关注的，目前学术界达成了一些共识，资本积累、技术交流以及国际竞争对能源效率的影响比较大，现技术进步和产业结构的变化是影响能源效率最重要的因素，能源价格对能源效率的影响比较小，而产业结构升级、国际贸易、市场化程度是影响碳排放的主要原因，提升能源效率的主要途径是技术进步和优化产业结构。

第三，优化产业结构。

产业结构升级是指产业结构从低级形态向高级形态转变的过程或趋势。通常的三大产业划分依据联合国的分类方式。第一产业包括农、林、牧和渔业；第二产业包括制造业、建筑业、公共工程、医药制造、采掘业和水电油气；第三产业包括金融、商业、交通运输、教育、通讯、服务业和其他非物质生产部门。在三种产业中，第二产业是碳排放最高的来源部门。21世纪以来，中国第二产业的产值占比已经逐渐下降，然而与全球平均水平相比，中国的工业部门产值依然偏高。促进产业结构由第二产业转向第三产业是从源头上减少能源消费并减低碳排放。

关于产业结构升级，中国应更多地从积极参与国际分工的角度考虑产业结构调整问题，在充分利用国际分工比较优势的基础上，扬长避短，有选择有重点地发展中国在区域甚至是全球中具有竞争优势的产业。中国人口众多，劳动力就业压力大，工资水平相对较低，因此从近期来看，中国劳动密集型的加工产业具有相对的竞争优势。但是从长期来看，随着技术水平及信息化水平的提高，中国应该发展以高新技术为载体的新兴产业作为自身的优势产业，并逐步提高自身的竞争力。从政策上讲，在将来中国国民经济发展过程中，除少数重要产业外，应按照有所为有所不为、有进有退的原则调整产业结构。同时我们应根据自身综合实力和比较优势，在产业全球化中，抢占高附加值的某些生产环节和高技术产业，占领某些方面的技术和生产的制高点，并以此为基础，通过前连锁和后连锁的作用，带动其他产业迅速发展。随着世界新兴产业的发展和传统产业的技术改造，中国的比较优势除了有一批具有整体比较优势的产业外，相当一部分的比较优势并不一定能完整地占领某个产业，更有可能的是部分地占据某些产业中的某些生产环节，我们可以根据产业内分工来开展国际合作与国际竞争。此外，要根据全球化产业结构和竞争力的变化，吸取国际经验，及时调整产业政策。政府应按照竞争优势理论，有针对性地制定战略性产业的扶持计划。

第四，提倡绿色高品质生活方式。

绿色生活方式指通过倡导居民使用绿色产品，倡导民众参与绿色志愿服务，引导民众树立绿色增长、共建共享的理念，使绿色消费、绿色出行、绿色居住成为人们的自觉行动，让人们在充分享受绿色发展所带来的便利和舒适的同时，履行好应尽的可持续发展责任的方法，实现广大人民按自然、环保、节俭、健康的方式生活。近百年来人类的种种不负责任的行为已经引发了严重的生态危机。生态环境陷入危机，既有工业污染的原因，更与人类的生活方式息息相关。人类既是环境问题的制造者，又同时是环境问题的受害者。推广绿色生活方式的必要性在于从源头保护生态环境，减少污染的成本。产业结构升级更多的是要求企业层面的碳减排，而绿色生活方式则是贯彻在人们的日常生活中的碳减排。

党的十八大会议上，首次提出了建设美丽中国的目标。党的十九大会议上又进一步将生态文明建设融入到政治、经济、文化、社会建设各方面以及全过程，协同推进新型城市化、工业化、信息化、现代化和绿色化。随着党和国家对生态文明建设进程的推进，绿色生活方式也越来越得到重视，并对"构建什么样的生活方式、怎样构建绿色生活方式"等问题给予了深刻回答。随着绿色生活行为准则的施行和环保教育活动的开展，中国居民的生态素养逐步提升，绿色生活理念有所增强。结合2020年度《公民生态环境行为调查报告》具体案例和问卷调查数据来看，民众对绿色生活方式表现出较高的关注度、责任感和认知水平等。

虽然现阶段中国在推广绿色生活方面如垃圾分类、植树造林、水质治理、蓝天行动等各项工作进展得比较顺利，并且取得了不错的成效，但是当前中国还面临绿色生活相关政策保障薄弱、绿色生活推广进程缓慢、绿色教育体系构建落后等问题。参考西方发达国家的国际经验，在推广绿色生活方面，我们还有很多工作要做。以美国为例，全美有接近80%的高校为学生开设一门或者多门与环境相关的必修课，主要目的是让学生在课程中学习如何解决周边地区存在的环境问题，并且支持他们成立环境组织以及开展绿色环保活动。在法律法规保护方面，美国也制定了很多有关绿色消费的补贴政策，尤其是关于新能源消费的税收优惠和补贴，除此之外，德国和日本也有相关的补贴政策。因此，在推广绿色生活方面，中国还可以加强与环境相关的知识教育以及指定更健全的法律法规，督促民众形成绿色生活的习惯。

五、生态系统碳增汇

在从社会系统方面着手碳减排的同时，关于不可避免的碳排放还需要通过人为手段进行碳封存也就是碳增汇。目前，碳增汇主要包括森林碳汇和海洋碳汇。

根据《联合国气候变化框架公约》，碳汇指从大气中清除温室气体、气溶胶或者温室气体前体的所有活动、过程或者机制。从广义上讲，森林碳汇是指森林植物吸收大气中的二氧化碳并将其固定在植被或土壤中，从而减少该气体在大气中的浓度。从狭义上讲，森林碳汇是指通过植树造林、森林经营管理等活动吸收空气中的二氧化碳从而减少碳排放的过程。森林是陆地生态系统中最大的碳库，在降低大气温室气体浓度、减缓全球气候变暖中，具有十分重要的独特作用。扩大森林覆盖面积是未来30~50年经济可行、成本较低的重要减碳措施。许多国家和国际组织都在积极利用森林碳汇应对气候变化。

中国地域辽阔，大部分地区位于北温带，只有少部分地区位于极寒地区，这样的地理环境孕育了丰富的自然资源。比如说，中国森林植被包含了大面积的热带雨林、季雨林、落叶阔叶林、常绿阔叶林、针叶林以及针阔混交林。中国第七次森林资源清查结果表明，中国森林总面积约为1.95亿公顷，森林覆盖率约为20%，比第六次森林资源清查增加了2个百分点。其中，人工森林面积约为0.6亿公顷，天然森林面积约为1.2亿公顷。值得一提的是，中国天然森林面积是全球排名第一的。森林植被越多，陆地生态系统碳汇能力越强。目前，中国约四分之一的碳排放都由森林系统吸收，森林每年释放的氧气约为12亿吨。

现阶段中国采取的森林固碳措施主要有退耕还林、植树造林、封山育林、低效林改造等。为了进一步提高森林覆盖率，国家启动了退耕还林还草工程、天然林保护工程、环北京地区防沙治沙工程、野生动植物保护及自然保护区建设工程、"三北"和长江中下游地区等重点防护林建设工程、重点地区以速生丰产用材林为主的林业产业基地建设工程，上述项目造林总面积约为4000万公顷。提高森林覆盖率，促进森林快速生长是中国未来增加森林碳汇的主要途径。

海洋碳汇是指一定时间周期内海洋储碳的能力或容量。海洋储碳的形式包括无机的、有机的、颗粒的、溶解的碳等各种形态。海洋中95%的有机碳是溶解有机碳（DOC），而其中95%又是生物不能利用的惰性溶解有机碳（RDOC），世界大洋中RDOC的储碳量大约是6500亿吨，储碳周期约5000年，它们与大气CO_2的碳量相当，其数量变动影响到全球气候变化。地球上的碳元素主要存在于大气圈、水圈、岩石圈、生物圈中。虽然全球的碳元素主要以碳酸盐岩石的形式存在于地壳中，但其中的碳元素几乎处于静止状态，较少参与碳循环。所以，海洋是除地质碳库外最大的碳库，也是参与大气碳循环最活跃的部分之一，海洋的固碳能力约为4000亿吨，年新增储存能力约5亿~6亿吨，碳元素在海洋中主要以颗粒有机碳、溶解有机碳和溶解无机碳三种主要形态存在。

中国海洋国土面积是300万平方公里，约占中国陆地面积的三分之一。得益于大量专项资金的投入，中国海洋碳汇渔业的产出规模以及养殖面积还在不断地扩大。但是，海洋碳汇的潜力并没有得到应有的重视。在海洋生态系统中，各种各样的生物共同组成了从初级生产者到高级捕食者复杂的食物链和食物网，这些生物同时也是海洋碳汇的重要贡献者，拥有海洋碳汇功能的生态系统或者生物类群主要包括大型藻类、浮游生物、贝类生物、珊瑚礁生态系统和红树林等，虽然上述生物的生长区域所占据的面积不到全球海底面积的0.5%，其总量也只有陆地植物的0.5%，但是它们的碳储量与陆地植物相近。具体来说，约70%的碳会被海洋植物所捕集，还有一小部分通过沉降作用成为海洋沉积物，还有很大一部分会被重新矿化，其余部分将转化为溶解有机碳等物质然后形成蓝色碳捕集并移出海洋通道。

中国政府对海洋产业的监管力度和重视程度都在不断扩大。自2015年开始，渔政管理部门和水产技术的推广机构略有减少，但是与此相关的财政经费却在不断增加。具体来说，水产技术的推广经费已经从2003年的4.9亿元增加至2019年的37.2亿元。除此之外，渔业技术推广编制人员的质量也有了大幅提升，2003年全国渔业拥有高级技术职称的人员仅1182人，本科及以上文化程度的人员有

3852人，而到2019年拥有高级技术职称的人员已增至3683人，本科及以上文化程度的人员也增加到了11154人。学术界一些研究测算了中国海洋碳汇渔业的养殖规模在不断扩大过程中，碳效益水平也在不断提升，其中，贝类海水养殖是中国海洋碳汇实现碳增汇的重要方式之一，不同省份的海洋碳增汇能力存在差异，浙江、山东、广东、福建等省份的海洋碳增汇能力大于辽宁、江苏、河北、广西和海南等省份。总体来看，积极发展海洋碳汇渔业有利于促进海洋碳效益的提升。

六、重庆高品质生活建设中系统把握"双碳"目标的具体实践建议

重庆作为中国内陆城市的代表之一，一直以来致力于提高居民的生活品质，同时也在积极应对全球气候变化挑战。近年来，中国政府提出了"双碳"目标，旨在到2060年前实现碳排放的峰值和碳中和。这些行动有助于减少对气候变化的负面影响，同时也为城市居民提供了更高品质的生活。当然，在今后实践绿色高品质生活的进程中也需要进一步加强政策执行、监测与评估，促进社会各界的积极参与，以确保"双碳"目标的可持续实现。重庆在高品质生活建设中系统把握"双碳"目标的具体实践涉及在城市规划、产业转型、能源结构、交通系统和社区发展等多个领域的综合努力。

首先是能源结构优化。充分利用并进一步推动可再生能源的发展，包括水能、氢能等新能源，逐步减少煤炭使用，加强天然气的利用。支持能源储存和智能电网技术，提高能源利用效率。

其次是城市规划方面，要优化城市布局，减少城市扩张，鼓励

人口密度适度增加，减少通勤距离。发展绿色建筑和低碳交通枢纽，减少建筑能耗和交通排放。

关于交通系统，要进一步提供高效的公共交通系统，鼓励市民使用公共交通工具，减少私人汽车使用，推广电动汽车和充电基础设施，减少交通尾气排放。

此外，要制定发展政策促进产业转型，促进清洁生产技术，支持高科技产业和绿色产业的发展，鼓励企业减少碳排放，实行碳中和政策。同时在社区发展方面，要建设绿色社区，提供便捷的垃圾分类和回收设施，推广可持续的社区生活方式，如共享经济和绿色居住。

还要加强教育和宣传工作，加强环境教育，提高市民对于"双碳"目标的认知，开展碳减排宣传活动，鼓励市民采取节能减排措施。制定并实施相关的碳排放减少政策和法规。建立碳市场，推动碳交易和碳定价。

最后，积极参与国际气候变化合作，与其他城市和国家分享经验和技术。参与国际碳排放减少承诺，积极履行国际责任。

总之，要实现"双碳"目标，重庆需要在多个层面采取综合性的措施，包括能源、城市规划、交通、产业、社区、教育、政策和国际合作等方面，确保碳排放的减少并提高市民的生活质量。同时，需要重庆政府、企业和市民齐心协力，共同为可持续未来和绿色高品质生活努力。

第五章

重庆创造高品质生活的民生建设：巩固脱贫攻坚成果

新中国成立70多年来，特别是改革开放40余年，中国实现了从贫穷落后的农业大国到世界第二大经济体的历史巨变，创造了世界近代史上经济发展和减贫奇迹。重庆14个国家扶贫开发重点区县、4个市级扶贫开发工作重点区县全部脱贫摘帽，1919个贫困村脱贫出列，累计动态识别的190.6万建档立卡贫困人口全部脱贫，所有贫困群众实现"两不愁""三保障"全保障；重庆贫困人口人均纯收入达到1.2万多元，14个国家扶贫开发重点区县，农民人均可支配收入由2014年的8044元增加到2020年的15019元；每个贫困区县培育1个以上扶贫主导产业，新发展柑橘、中药材、茶叶等扶贫产业2100多万亩。《重庆市巩固拓展脱贫攻坚成果同乡村振兴有效衔接规划（2021—2025年）》提出，"十四五"时期重庆要巩固脱贫攻坚成果，推动乡村全面振兴，推动区域发展，推进"一个确保、一个提升、一个同步"，整体实现巩固拓展脱贫攻坚成果同乡村振兴有效衔接的目标。

本章内容梳理新中国成立70多年来的经济发展历程，总结中国经济实现跨越式发展的理论及实践经验，以区域发展非均衡和城乡发展不平等为切入点，探讨中国经济发展非均衡存在的根源及现状，并基于这一视角回顾新中国成立以来各阶段扶贫开发政策及制度安排，勾勒出中国贫困治理的历史轮廓，阐述中国各个阶段贫困治理的路径及特征。进一步从贫困和不平等的测算、"两不愁、三保障"、建档立卡、贫困治理行政管理机制、"扶志"和"扶智"等视角着重剖析习近平总书记关于精准扶贫、精准脱贫重要战略的科学性和创新性。经济增长、发展不平衡和贫困是相互影响、相互制约的三角关系，经济增长在促进贫困减少的同时，也会因资源配置差异、收入分配不均造成区域、城乡非均衡发展，而日益加剧的区域、城乡不平等又会抵消经济增长对减少贫困的作用。在理论探讨基础上，本章以重庆云阳县贫困村落作为典型案例，探讨重庆巩固脱贫攻坚成果，加强民生建设，创造高品质生活的具体实践效果。

一、新中国成立以来经济发展与反贫之路

中华人民共和国成立70多年以来，已从1949年那个满目疮痍、一穷二白的农业大国，转变成为一个欣欣向荣、富有经济增长活力和科技创新能力的全球第二大经济体，创造了世界近代史上最伟大的经济发展和减贫奇迹。1952年中国国内生产总值仅为679亿元，人均国内生产总值119元，仅为当时非洲撒哈拉南部人均GDP的三分之一。2018年国内生产总值比1952年增长175倍，年均实际增长达8.1%，其中1979—2018年，年均实际增长9.4%，远高于同时期2.9%的世界经济年均增速。2018年全国居民人均可支配收入达到28228元，全国居民人均消费支出19853元，较1978年分别增长了24.3倍和19.2倍（按可比价格计算）。2018年九年义务教育巩固率高达94%，高等教育毛入学率达48.1%，国民平均预期寿命由新中国成立初期的35岁增加到2018年的77岁，婴儿死亡率也由200‰下降至6.1‰。

中华人民共和国成立70多年以来，中国农业基础作用日益夯实，工业主导逐渐稳固，服务业对经济社会的贡献迅速增加，三大产业共同发展的同时，结构日益优化。首先，农业快速发展，农产品结构更加多元化。粮食总产量由1949年的11318万吨提高到2018年的65789万吨，棉花产量由1958年的197万吨增加到2018年的610万吨。改革开放以前，肉类、禽蛋、牛奶、蔬菜、水果和水产品等高蛋白和高营养的农产品严重缺乏。1978年以后，这些农产品产量飞速增长，40年间，肉类产量增长9倍，牛奶产量增长33倍，水果产量增长39倍，水产品产量增长近13倍，大大改善了全国人民的食物结构及生活质量。其次，工业化不断推进，高附加值产业蓬勃发展。工业增加值从1952年的120亿元增加到2018年的305160亿元，增长了970倍（按不变价格计算）。2018年，煤炭产

量高达36.8亿吨，较1949年增长近114倍；钢材产量11.1亿吨，水泥产量22.1亿吨，较1949年分别增长8503倍和3344倍。2018年中国手机、计算机和彩电产量分别达18亿部、3.1亿台和1.9亿台，占全球总产量比重稳定在70%~90%之间，汽车产量2781.9万辆，连续多年位居世界第一。

再次，第三产业发展顺应时势进入快车道，交通运输业、房地产业、金融服务业增加值不断攀升。以交通运输业为例，2018年末，中国铁路营业里程达13.1万千米，其中高速铁路达2.9万千米，总量居世界第一，"四纵四横"的高铁网络已成为中国靓丽的名片，"八纵八横"的高铁网络正在形成，中国高铁总里程占全球的2/3，客运量占全国铁路总客运量的65%。最后，三大产业结构不断优化，1952年三大产业占国内生产总值的比重分别为50.5%、20.8%和28.7%。改革开放以来，随着工业化、城镇化、现代化的不断推进，第二和第三产业发展水平不断提高，尤其是服务业迸发出前所未有的活力，逐渐成为国民经济第一大产业，并且生产性、生活性服务业发展齐头并进。2018年，中国三大产业占国民经济比重分别为7.2%、40.7%和52.2%。

中国共产党和中国政府历来高度重视国家扶贫开发工作，改革开放40多年来，中国贫困治理取得了举世瞩目的伟大成就，谱写了人类与贫困做斗争的辉煌篇章。随着农业、农村改革的不断深化，国家贫困治理能力的不断提高，中国农村人口的贫困发生率不断下降，绝对贫困人口不断减少，中低收入人群的生活质量不断提升。1978年末中国农村贫困人口7.7亿人（按照2010年标准），农村贫困发生率高达97.5%。通过农村家庭联产承包责任制的改革，广大农民的劳动热情被激发，促进了农村劳动生产率的迅速提高，中国农村贫困发生率急速下降。党的十八大以来，中国扶贫开发工作进入了"最后一公里"的攻坚阶段，国家将精准扶贫、精准脱贫作为基本方略，把扶贫开发摆在更加突出的位置，2013—2018年6

年间，中国贫困人口共减少8239万人，农村贫困发生率下降8.5个百分点。2018年末中国农村贫困人口减少至1660万人，农村贫困发生率下降至1.7%，远远低于全球中低收入国家的贫困发生率。2013年，习近平总书记提出的共建"一带一路"重大国际合作倡议不但促进了相关国家总体经济吸引力的提升，更促进了全球减贫提速，中国贫困治理为其他发展中国家提供了范例和借鉴。

新中国成立70年来的经济发展路径大致上我们可以划分为1949—1977年的社会经济发展和改革开放以来40年的社会经济发展两个阶段。

1949—1977年的社会经济发展可以进一步细分为经济恢复期（1949—1952年）、第一个五年计划（1953—1957年）和人民公社化运动、"文化大革命"（1958—1977年）三个时期。

1.经济恢复期（1949—1952年）。中国共产党经历了反对北洋军阀统治的国民大革命，抵抗外强侵略的抗日战争和推翻国民党统治、解放全中国的解放战争后，建立了新民主主义社会。但是，经历过列强欺凌、频繁战乱的中国极度贫穷落后，国民经济千疮百孔、百废待兴。1949年中华人民共和国成立，开启了中华民族伟大复兴的历史征程。为了恢复长期战乱对社会、经济的破坏，国家首先没收了全部官僚资本企业，将其改造为社会主义国营企业。其次，建立了社会主义民主管理制度，结束长久以来的压迫和剥削，工人阶级生产积极性得以调动，工业生产能力得到了迅速恢复和提高，人民政府开始掌握国民经济命脉。再次，通过平衡财政收支，实现了国家收入主要部分集中到中央，有效抑制恶性通货膨胀。而回笼货币统一由国家银行管理，这为工农业生产的恢复和发展提供了政治及制度保障。最后，开展土地改革，废除了地主阶级封建剥削的土地所有制，使农业经济摆脱了封建土地制度的束缚，农业生产力得到了极大解放。

2.第一个五年计划（1953—1957年）。"一五"期间，以苏联为首的社会主义制度和以美国为首的资本主义制度矛盾不断激化,中国身处社会主义阵营只能利用苏联与东欧的经济援助,"一边倒"的外交策略使中国周边战争局势更为紧张,这一时期加快工业化进程、完善工业化体系不但是经济建设的前提,更是巩固政权独立的基础。"一五"期间,国家社会主义公有制改造基本实现,5年新增固定资产投资460亿元,是1952年底固定资产原值的1.9倍。1957年工农业总产值达1241亿元,较1952年增长67.8%,原定五年计划工业总产值年均增长14.7%,实际增长18%。农业也获得了较大发展,粮食、棉花产量年均增速分别为3.7%和4.7%。超额完成规定任务的第一个五年计划,不但推动了国民经济快速发展,也为中国工业化建设奠定了基础。

  3.人民公社化运动、"文化大革命"(1958—1977年)。土地改革虽然调动了农民生产积极性,但是当时的土地、耕畜和生产工具普遍被分散占有,远不能满足生产需要。国家开始探索通过"组织起来"以发挥农民互助合作的积极性,1953年《关于农业生产互助合作的决议》应运而生。1958年5月,中共八大二次会议召开,通过了"鼓足干劲,力争上游,多快好省地建设社会主义"总路线,盲目求快、急于求成的"大跃进"拉开了序幕。农业生产强调"以粮为纲",工业生产强调"以钢为纲"的"大跃进"过分夸大了主观意志和努力的作用,片面追求工农业生产和建设的高速度,忽视了国民经济比例的均衡和经济发展的客观规律。而缺乏责任制的生产和过分平均主义的分配方式,严重挫伤了农民生产积极性。历史证明,"大跃进"和人民公社化运动是中国探索建设社会主义道路中的一次严重失误,造成了国民经济比例严重失衡,是1959—1961年粮食供给严重短缺的主要原因。但是,人民公社化运动为当时工业的发展提供了大量的劳动力和资金支持。工业的发展反过来又促进了农业生产条件的改善,尤其是农田水利设施的建设,在一定程度上提高了农业生产水平,工业对农业不再是单纯地攫取原始积累。1949—1977年，在国际关系微妙紧张、国内生产资料和技术匮乏的背景下，中国取得了历史性的发展，但是急于求成和"左"的错误也使国家遭受了损失。中国在"一五"和"二五"期间所确立的资本密集型重工业优先发展战略，是以压低利率、汇率、工资、原材料价格和农产品价格为代价的。人为扭曲的资源配置方式导致宏观经济运行极为低效，尤其是忽视经济发展客观规律，导致市场机制的调节作用无法发挥。微观层面激励机制缺失、宏观层面资源配置效率低下，加上十年"文化大革命"，使国民经济雪上加霜。1949—1977年的发展成就与曲折，不但造就了改革开放，而且为新时期的发展提供了宝贵的经验和教训。

1978年，中国共产党召开了十一届三中全会，纠正了"文化大革命"的错误，重新确立了解放思想、实事求是的思想路线，推动了计划经济向市场经济的转型，通过改善资源配置方式和激励机制实现了各部门生产效率不断提升，改革开放和社会主义现代化建设的伟大征程正式拉开序幕。

首先，中国的改革开放发端于农村，开启于农民与土地关系的变革。1978年安徽凤阳小岗村率先发起的农村家庭联产承包责任制，是实践中最符合当时农村生产条件的一种制度安排，它极大调动了农民生产积极性，推动了农业大发展，并且为其后各项改革奠定了基础。农村劳动力和其他资源的重新配置，极大提高了农业生产效率，这一时期近1亿农村剩余劳动力被吸纳到乡镇企业。乡镇企业的蓬勃发展，以及大量的农村劳动力向城市转移，极大地推动了中国工业化和城市化发展。国有企业改革从易到难，逐步推进。国家鼓励、引导和支持私有经济发展，与时俱进协调计划与市场的关系，开创中国城市经济发展新道路，是中国特色社会主义经济理论及实践的伟大创举，也是维持长时期不间断高速经济增长的秘密所在。教育、科技的巨大进步，成就了中国能够在高铁、移动通信、核电、新能源、新材料、人工智能及隧桥建设等领域对西方发达经济体实现"弯道超车"。

其次，对外开放，走近世界舞台中央是市场经济发展不断深化的必然结果。改革开放以来，中国经济增长的一个重要特征就是出口导向，2018年中国对外货物贸易进出口总额达4.62万亿美元，贸易顺差3517.6亿美元，外贸依存度约为33.8%，是全球第一贸易大国和出口大国。中国已由经济改革前的进口替代和自力更生转变为外向型经济，良好的营商环境也吸引了大量国外资本。FDI对经济发展的重要性不仅在于弥补国内投资不足，更重要的是为发展中经济体带来新技术和国际商业管理经验。2018年中国实际使用外商直接投资金额达1349.7亿美元，是1983年的147倍。随着产业结构的不断升级，传统制造业仍然是外商投资的主要领域，但是近几年信息传输、计算机服务和软件业，科学研究、技术服务和地质勘查业实际利用外商直接投资金额呈明显上升趋势，FDI投资领域不断拓宽。

最后，深化改革，开启新时代全面建设社会主义现代化国家的新征程。改革开放40多年是中国"摸着石头过河"的40多年，经济连续不间断的高速增长，离不开体制机制的创新，更离不开经济理论及实践创新。坚持中国共产党的领导，坚持以经济建设为中心，坚持"实践是检验真理的唯一标准"，中国成功实现经济转型，从容应对亚洲金融危机和全球经济危机，综合国力快速超越许多西方经济体。但是，随着时间的推移，以高污染、高能耗为代价的数量型经济增长模式的弊端日益显现，传统粗放式经济增长方式已经难以为经济增长提供持续动力。房地产泡沫、股市的不健康发展、环境污染日益严重、收入两极分化、城乡一体化进程缓慢、"刘易斯拐点"逐渐显现以及人口红利消失，导致劳动力成本不断攀升，这些都是经济增长放缓的原因。当前，中国特色社会主义进入了新时代，新时代经济发展的特点便是"新常态"，如何在"新常态"下谋求经济可持续发展，如何将增长动力由原来主要依靠资源和劳动力等要素投入驱动转向创新驱动，如何避免掉入"中等收入陷阱"，这些都是中国未来发展必须直接面对的问题。充分激发经济内生增长动力，推进产业升级换代，推动科学技术创新，充分利用高质量人力资本提高各类生产要素的边际产量，已经成为中国全面深化改革的主旋律。

二、非均衡的经济发展

（一）区域发展不均衡与贫困问题

改革开放以来中国创造了举世瞩目的增长奇迹，经济持续高速增长过程中社会总财富不断攀升，但是与之相伴的收入不平等、发展不均衡和贫困问题也日益突出。华盛顿共识主张的涓滴经济学坚信经济增长所带来的经济利益能够在各阶层自由扩散，并自动消除贫困。但是国内外许多学者质疑，认为经济增长、减贫和收入不平等总是相互影响、相互制约的三角关系，经济增长在促进贫困减少的同时，也会带来收入不平等，而日益加剧的不平等又会抵消经济增长对减少贫困的作用，所以均衡的经济增长和公平的收入分配对减少贫困具有同等重要的作用。

中国通常面临的一个非均衡发展问题就是区域发展不平衡，一个地区人均收入水平是其经济发展水平的表现，而收入分配则是社会资源配置的财富表现。在社会总资源既定的情况下，若想实现社会福利最大化，则必须有科学合理的分配机制。不可否认的是，中国区域间经济发展水平仍存在较大差距，地区间经济协调发展的政策法律体系不健全，区域改革和协调发展的任务依然艰巨。一方面，生产要素配置的倾斜和开放程度的差异造成区域发展不平衡，另一方面，区域经济发展的不均衡，导致区域间人民生活水平也呈现巨大差异。

中华人民共和国成立初期中国推行的重工业优先发展战略形成的生产要素存量配置结构，与许多省区的资源禀赋结构决定的比较优势相违背，所以中部和西部地区产生大量缺乏自主创新能力的企业，而政府的扶持措施又影响了市场机制的正常运转，从而进一步制约技术进步和资本积累。加上中国经历了"文化大革命"的十年动乱，进一步导致地区间经济发展差距不断扩大。

改革开放以后，中国从一个以政府为主导的计划性封闭式农业经济体转变为一个市场化的开放型城市经济体。东部地区5个经济特区、14个沿海港口城市建立的经济技术开发区和长江三角洲、珠江三角洲、闽南三角洲等沿海经济开放区使得东部地区实现率先发展。尤其是加入WTO后中国深入开展专业化分工，积极参与世界经济贸易，开放程度较高的东部沿海城市得益于地理位置优势发展迅猛，这就导致在全国经济发展中，东部地区长期处于领先地位。2018年东部地区国内生产总值达到48.1万亿元，成功占据全国"半壁江山"。与东部地区相比较，中部和西部地区则发展较为缓慢。著名经济学家林毅夫教授在1998年撰写的论文中就已经指出，中国东部、中部、西部三类地区内部人均收入的情形是：发达地区的领先程度越来越高，而落后的西部地区与全国平均水平差距越来越大。另一方面，经济发展水平较高的区域和城市又会产生明显的"虹吸效应"，导致越来越多的生产资料不断涌入。我的团队在2001年研究得出，由于中国改革开放期间生产要素在不同区域间配置的差异性，导致东部、中部、西部同一区域内人均收入水平差距在不断缩小，但是区域间的差距却在不断扩大，呈现区域内收敛、区域间发散态势，存在明显的地区发展不均衡。利用全国2003年城市家庭调查资料，进一步将基尼系数进行分解，可以发现全国城市居民收入分配不平等的40%来自省间收入差距,而省间收入不平等又有近2/3来自东部、中部和西部之间的不平等。

近几年,随着经济的不断发展,人民生活水平不断提高,全国城镇和农村居民人均可支配收入由2015年的31195元和11422元分别增长到2018年的39251元和14617元。分区域看,2015年东部地区城镇和农村居民人均可支配收入分别是西部地区的1.39倍和1.57倍。2018年东部地区城镇居民的人均可支配收入已经达到46433元,是西部地区的1.39倍,农村居民的人均可支配收入是西部地区的1.55倍。由此可见,中国区域发展不均衡问题依然存在,针对人均可支配收入这一项指标,区域间差距并没有明显缩小。区域经济发展和人均收入的增长还受到资源禀赋、产业结构以及地区间要素流动等因素的影响。要缩小中国东部、中部、西部地区发展的不平衡,不但需要政府财政支持,更需要当地政府结合自身要素禀赋特征,充分尊重市场机制,明确具有比较优势的产业,进而给予一定扶持。

(二)城乡经济发展不均衡与贫困问题

除了区域发展不平衡,中国长期面临的另一大结构性不平衡在于城乡发展不均衡,虽然中国经济快速发展,改革不断深化,然而维持社会公平的分配机制尚未成熟,经济发展、教育普及、医疗卫生条件改善、人民生活质量的提高等社会全面发展都受制于"短板"农村的发展。从发展的角度来看,中国城乡居民之间的收入构成存在巨大的差异。早在人民公社时期,农民收入几乎全部来自生产队的统一分配。家庭联产承包责任制和粮食购销体制的调整虽然促进了农产品市场化改革,但是农业生产仍然是农村经济发展的主要部分,农村居民收入中的绝大部分仍然是自产自用的实物性收入,无法用货币计量。改革开放以前,国有经济和集体经济是城镇经济的主要部分，城镇居民稳定就业于国有或集体经济部门，劳动工资制度是集体资源计划配置体制的一个组成部分，工资是城镇居民货币收入的主要来源。改革开放以后，劳动力、资金和技术迅速向城市集聚，股份制经济、联营经济、外资经济等持续不断涌入城市，尤其是财政、金融等领域的城市化偏向，导致城市经济高速发展，城市产业结构不断优化。城镇居民收入快速增长的同时也更加多元化，各种实物性的补贴和公共福利项目，诸如住房公积金、公费医疗、养老保险、失业保险等在城镇居民收入中占有相当高的比重。

回顾历史，值得肯定的是中国城市经济和农村经济都从经济体制改革中获得了发展，但是，严格的户籍制度形成了城乡分割的二元经济体系，导致城乡差距巨大，尤其是城市人口享有的医疗、养老、教育、交通和公共事业更加剧了这种不平等。1992年初，邓小平南方谈话推动改革进入新阶段，大批农村剩余劳动力加速向城市第二产业和第三产业转移，城市化与工业化建设的不断推进，导致城乡发展愈加不平衡，城乡居民人均可支配收入差距也在1992年后逐渐扩大。中国城乡不平等解释了中国各省之间支出和收入不平等的70%。经济的高速增长不可否认地提高了全国人民的生活水平，改革开放初期无论是城市还是农村居民家庭恩格尔系数都高于50%，1978年农村恩格尔系数高达67.7%；从下面这张图（图17）可以观察到，2018年中国全体居民家庭恩格尔系数则下降至28.4%，城镇和农村居民家庭恩格尔系数分别降至27.7%和30.1%，且差距逐渐缩小。

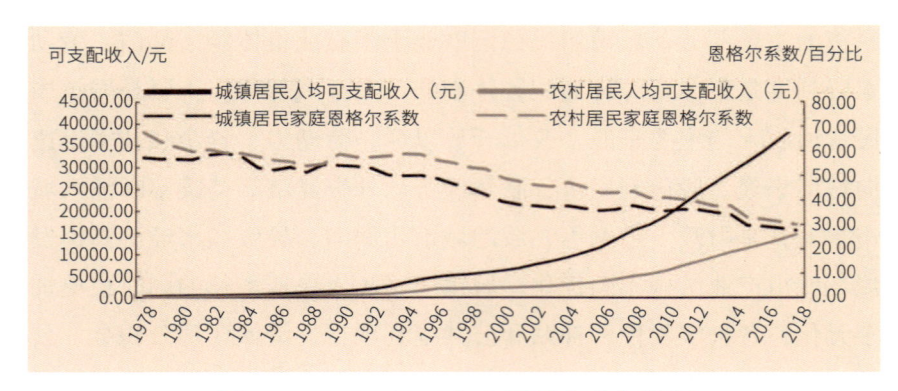

图17 1978—2018年中国城乡收入差距

除了城乡之间人均收入存在差距，城镇和农村内部收入差距对总体不平等也存在极大影响。林毅夫教授等早在上个世纪就研究了1978—1995年间人均收入差距贡献率，他发现城乡间差距对总体差距的影响最大，始终保持在50%左右，农村和城镇内部差距的作用也占到50%，其中农村内部差距对总体影响更大。通过对2015—2018年按五等份分组的城镇和农村居民人均可支配收入分析发现：一是农村内部居民收入差距较城镇更大，2018年城镇居民最高收入组人均收入是最低收入组的5.9倍，而农村居民最高收入组人均收入是最低收入组的9.3倍；二是不同收入组人均可支配收入增长幅度差距较大，2018年城镇和农村最低收入组人均可支配收入较2015年分别增长17.6%和18.8%，同一时间段，城镇和农村最高收入组人均可支配收入增长分别高达30.5%和30.8%。所以，无论是城镇，还是农村，都出现了"富者更富、穷者更穷"的现象。

三、新中国成立70余年来的反贫之路

区域发展不平衡、城乡收入差距扩大直接导致社会财富分配不均，进而加剧贫困问题。然而，贫困问题又始终与经济、政治、文化等一系列社会问题相生相伴，是社会发展所要面临的严峻挑战。改革开放40多年来，中国经济经历了连续不间断的快速增长，人民生活水平大幅提高，贫困治理也卓有成效。党的十八大以来，国家将贫困治理上升至国家战略层面，党和政府凝聚社会各界力量众志成城打响精准扶贫攻坚战，其目的就是让社会全体成员共享经济发展成果，决胜全面建成小康社会。统计数据显示，中国农村贫困人口由1978年末的7.7亿人减少到2018年末的1660万人，农村贫困发生率由1978年末的97.5%下降到2018年的1.7%。尤其是党的十八大以来，打响了全面脱贫攻坚战，2013—2018年间，每年减贫人数均超过1000万人，农村已累计减贫8239万人，减幅达到83.2%。但是，按照现行国家农村贫困标准测算，一半以上的农村贫困人口仍然集中在西部地区。2018年末东部地区农村贫困人口仅剩147万人，而西部地区农村贫困人口有916万人，占全国比重55.2%，贫困发生率3.2%，所以西部地区仍然是脱贫攻坚主战场。

长期以来，人们对于贫困最直观的认识便是饥饿或者基本生活难以得到保障。世界银行作为国际社会研究贫困问题的主要机构，在《1990年世界发展报告》中将贫困界定为"缺少达到最低生活水准的能力"。随着经济社会的不断发展，世界银行在《2000/2001年世界发展报告》中，把贫困重新定义为"除了物质上的匮乏、低水平的教育和健康外，还包括风险和面临风险时的脆弱性，以及不能表达自身的需求和缺乏影响力"。联合国开发计划署在《2010年人类发展报告》中引入了多维贫困指数，指出贫困不仅是收入的不足，更应该延伸至健康、教育和生活标准等方面遭受的剥夺。中国农村贫困标准被定义为在一定的时间、空间和社会发展阶段条件下，维持人们基本生活所必须消费的食物、非食物的基本费用。

贫困标准的设定主要是基于生活必需的食品支出和基本营养需求，最常用的是恩格尔系数法，但因其忽视物价水平和家庭人口规模，导致测量可信度被质疑。国外学者推导出一个测量贫困的方法被命名为"森指数"（Sen index），使用贫困线以下人口比例、贫困缺口也就是全体穷人收入与特定贫困线差距的总和、贫困线之下收入分配不平等的程度计算这个指数，这一测算方法的优点在于将相对贫困引入测量体系。在"森指数"的启发下，新的贫困测量方法相继产生，例如FGT，使用全部人口数、贫困家庭收入、既定贫困线、贫困线以下家庭数量、家庭收入与贫困线的差距这几个指标进行计算。FGT指数不仅可以全面反映贫困状况，还可以通过对该指数的分解观察经济增长和收入分配对贫困变动的影响。国内学者利用FGT指数将社会整体贫困程度分解成城镇和农村，东部、中部和西部，农村贫困地区与非贫困地区贫困程度，发现20世纪80年代末期中国的贫困主要发生在农村地区，并且西部农村地区贫困程度最高，其FGT指数是东部农村的2.82倍。学术界还有一些观点认为，基于相对剥夺理论，贫困的测量不仅要关注生存需求和收入水平，更要从福利需求多样性视角进行分析。世界银行设定的极端贫困线通常被用于分析国与国之间贫困程度的比较分析。

贫困与平均收入和收入分配密切相关，经济增长可以提高全社会人均收入水平，降低贫困发生率，若没有科学合理的收入分配机制，则会产生极大的社会贫富差距，直接影响贫困深度和强度。所以对收入不平等程度的测算也成为贫困问题研究的重要内容之一。基尼系数虽然是反映贫富差距和收入不平等最常用的指标，但是也存在诸多的局限性，主要表现在两方面：一是基尼系数对应的洛伦兹曲线非唯一性，不同的洛伦兹曲线可能有相同的基尼系数，即不同分配结构对应相同收入差异，显然不尽合理；另一方面是基尼系数分解的约束性。有一些研究运用标准洛伦兹曲线斜率与实际洛伦兹曲线斜率所形成的三角形面积差来对基尼系数进行调整，实现基尼系数与洛伦兹曲线对应的唯一性。针对基尼系数分解，以往研究大多依赖复杂的矩阵运算和回归模型，不易于实证分析和实践操作。四步分解法可以在规避上述问题的同时测算收入不平等的程度，具体算法可以参考图18：

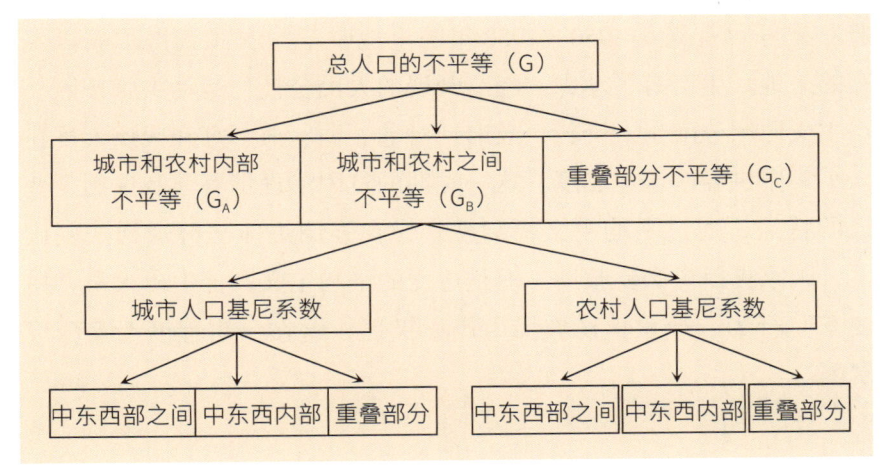

```
                    总人口的不平等（G）
        ┌──────────────┼──────────────┐
  城市和农村内部    城市和农村之间    重叠部分不平等（G_C）
   不平等（G_A）     不平等（G_B）
    ┌──────┐              ┌──────┐
城市人口基尼系数        农村人口基尼系数
 ┌────┼────┐            ┌────┼────┐
中东西部之间 中东西内部 重叠部分  中东西部之间 中东西内部 重叠部分
```

图18　贫困分解示意图

回溯中国贫困治理历程，可以发现其本身是一个制度变迁和政策创新的过程。无论是从贫困治理目标、治理对象还是制度安排等层面，中国减贫的每个阶段都有历史特殊的烙印。总体上可以划分为平均主义福利模式的贫困救助（1949—1977年），制度变革激励生产的贫困救助（1978—1985年），全面改革背景下的瞄准到县的扶贫模式（1986—1994年），非均衡发展格局下区域专项扶贫（1995—2010年），精准扶贫、精准脱贫、决胜全面建成小康社会（2011年至今）五个阶段。

（一）平均主义福利模式的贫困救助（1949—1977年）

中华人民共和国成立初期，按照世界银行每人每天1.9美元（2011年购买力平价）的绝对贫困线测算，中国极端贫困人口占比远高于非洲水平，处于全面贫困状态，国民经济恢复任务在积贫积弱条件下变得更为棘手。连年战争和生产资料所有制无疑是贫困的主要原因，所以1949—1977年间的贫困治理主要围绕"所有制改造"展开。首先是1950—1953年的土地改革，农民获得了赖以生存的土地，生产有了动力。随后开展的人民公社化运动主张按照平均主义原则分配生产资料，政府针对老、弱、孤、寡和残疾人员建立了集中供养的五保制度。这一时期的贫困治理带有强制性制度变迁的特点，通过平均主义福利模式，在强调集体与群众帮扶基础上，国家再提供必要救助。但是过度的平均主义，催生出大量"搭便车"行为，严重挫伤农民生产积极性，这在一定程度上又酿成贫困。

（二）制度变革激励生产的贫困救助（1978—1985年）

由于平均主义引发了严重的生产力停滞，政府开始探索激励生产的制度变革：第一，农村家庭联产承包责任制的试点与推行。历史证明，1978年的家庭联产承包责任制无疑是当时最为有效的农村改革，为农业和农村的高效发展提供了不竭的强大动力和坚实的制度保障，产生了普惠式减贫效应的集中释放。第二，农产品价格制度和流通体制改革。国家大幅度提高农产品收储价格，直接增加了农民的收入，改善了长期存在的工农产品价格"剪刀差"现象。与此同时，国家启动了农产品流通体制改革，逐步废除了统购统销制度，进一步促进农产品市场调节机制的建立，粮、棉、油等重要农产品的价格不断提高，产生了显著的减贫效应。

（三）全面改革背景下的瞄准到县的扶贫模式（1986—1994年）

1978—1985年的减贫是农村先行，极大缓解了农村地区的贫困。但是，随着市场化改革的不断深化，制度改革红利和经济增长拉动的农村扶贫模式效应减弱。一方面，随着城市化、工业化进程的不断推进，城市经济和大量工业企业迅速增长，这与农村发展形成了鲜明对比。另一方面，工业品价格上涨，导致原有的工农产品价格"剪刀差"依然存在，加上城乡分割的"二元经济"社会结构仍然没有被打破，农村和城市之间差距越来越大。针对这一系列新问题和挑战，1986年国务院贫困地区经济开发领导小组正式成立，贫困问题严峻的省、地、县也先后成立了扶贫开发领导机构，并首次将重点扶持贫困对象瞄准到县，同时提出增加贫困人口内生发展能力的必要性，贫困治理趋于常规化。1994年出台的"八七扶贫攻坚计划"，标志着中国贫困治理进入城市反哺农村、工业反哺农业的新阶段，中国的减贫治理不断制度化。

（四）非均衡发展格局下区域专项扶贫（1995—2010年）

随着国家采取的一系列减贫和社会投资发展政策的实施，大规模贫困现象得到了一定缓解，但是由于地理位置差异、资源配置非均衡，导致区域连片顽固贫困问题成为贫困治理新焦点。2000年提出的"西部大开发"战略，建立东部地区与西部贫困地区协作扶贫模式，便是政府着手开展协调区域均衡发展的体现。与此同时，国家还酝酿出台了新的扶贫纲要，即《中国农村扶贫开发纲要（2001—2010）》，继续实施大规模的扶贫开发，将贫困治理转向综合治理。2003年推行的新型农村合作医疗有效防止了农民因病致贫和因病返贫，医疗救助融入了贫困治理体系。为巩固和发展农村税费改革成果，2005年底颁布了《国务院关于深化农村义务教育经费保障机制改革的通知》，实施了国家贫困地区义务教育工程，农村贫困家庭中小学生"两免一补"政策等，贫困治理转向农村人力资本发展与积累，将干预环节前置。2006年国家全面取消农业税，进一步减轻了农民家庭负担。

（五）精准扶贫、精准脱贫，决胜全面建成小康社会（2011年至今）

2013年11月3日，习近平总书记在考察湘西十八洞村时首次提出了"精准扶贫"的重要思想，作出了"实事求是、因地制宜、分类指导、精准扶贫"的重要指示。2018年5月31日，习近平总书记主持中共中央政治局会议，审议通过了《中共中央国务院关于打赢脱贫攻坚战三年行动的指导意见》，充分展现了党中央和国务院决胜全面建成小康社会的坚定信心，明确了精准扶贫和精准脱贫的实施方案。中国建立的脱贫体制机制及所采取的脱贫方案，包括五级行政负责制、多维贫困界定、分层次分地区靶向、"五个一批"多层扶贫举措、政府和社会力量融合、管理智能化、政策执行及效果评估等具体安排，已经打破了现有世界脱贫的思想理论边界，也突破了世界扶贫措施的实践边界，充分体现了中国在脱贫工作中的政治和体制优势。

四、新时代中国扶贫开发工作的体制机制及政策创新

经过全国一心的艰苦奋斗，中国已经打赢脱贫攻坚战，在新时

代扶贫工作中我们必须认识到，反贫困不是一个简单使用资源对贫困者施以救助的过程，其背后需要的是一套行之有效的政策体系和实施方略的支撑，只有对贫困风险因素和反贫困政策工具的功能有深刻的认识，才能根据贫困特征选择具有针对性的政策工具。消除贫困、实现共同富裕，是社会主义制度的本质要求，事关党的执政基础，尤其是当前中国仍处于并将长期处于社会主义初级阶段，扶贫开发已经从以解决温饱为主要任务的阶段转入巩固温饱成果、提高发展能力、缩小发展差距的新阶段。党的十九大以后，党中央把打赢精准脱贫攻坚战作为全面建成小康社会的三大攻坚战之一，扶贫开发工作上升到了建设中国特色社会主义的政治高度。

新时代，精准扶贫、精准脱贫体制机制及政策创新突出表现在"两不愁、三保障"成为脱贫新标准，建档立卡、提高贫困监测能力，扶贫先扶志、治贫先治愚，"政治联结"优化扶贫体制机制等4个方面。

2011年中共中央、国务院印发的《中国农村扶贫开发纲要（2011—2020年）》，规定"到2020年，稳定实现扶贫对象不愁吃、不愁穿，保障其义务教育、基本医疗和住房"，这是新阶段贫困治理的总体目标。其中"两不愁"（不愁吃、不愁穿）是人类生存最基本的物质保障。20世纪80年代以来，解决温饱问题一直是政府扶贫开发工作的基础性目标。世界银行提出的保证维持个体生存需要的热量是每人每天2100大卡，1986年国家的扶贫标准是按照1985年不变价确定的每人每年206元，虽然能够满足所需热量，但是该标准中基本生活食物需求支出高达85%，食物质量差，肉蛋类比重非常低。2008年中国扶贫标准提高至1196元每人每年（按照当年不变价），基本食物支出占比下降至60%。2010年扶贫标准再次提高，贫困人口在获取必需热量的同时，还可以获得一定量的蛋白质，以满足维持健康生存的需求。

"义务教育、医疗、住房"构成的"三保障"是在满足贫困人口基本物质需求基础之上提出的更高层次的脱贫标准，旨在提高农村人口的发展能力和抵御风险的能力。保障"住房安全"实现了贫困人口居有定所；保障"义务教育"有利于提高农村人力资本积累，这是切断"贫困代际传递"的关键；保障"基本医疗"可显著减少贫困人口因病返贫，巩固扶贫成果。由此可见，中国的贫困衡量标准不再是单纯的经济指标，而是多个维度的科学衡量。2020年以后中国农村减贫战略需要由"扶贫"转变为"防贫"，"两不愁、三保障"不但是精准脱贫的标准，更是未来"防贫"的有效机制。为了确保"两不愁、三保障"目标的实现，中央财政连续4年每年净增200亿元专项扶贫资金，2019年达到1261亿元。与此同时，中央扶贫贴息贷款、拨付低保资金、省级扶贫资金，尤其是社会各界筹集的扶贫资金等都呈现连年增长趋势。

要确保中国现行标准下农村贫困人口实现脱贫，贫困县全部摘帽，解决区域性整体贫困，任务非常艰巨。第一，从贫困家庭长期发展来看，越到最后的贫困人口，脱贫的难度就越大，越复杂，越需要分类制定有针对性的精准扶贫政策措施；第二，"三区三州"边远落后地区，少数民族人口集中，通过传统的脱贫方式难以见效。教育、医疗及基础设施条件落后，导致脱贫成本高，脱贫见效缓慢。脱贫最后"一公里"上贫困顽固、返贫严重、贫困代际传递问题突出。而在完成短期脱贫任务的同时，阻断返贫路径，确保脱贫及低收入人口收入及能力的持续发展，是习近平总书记关于扶贫工作重要论述的核心内容。为了解决好"扶持谁"的问题，确保每一个贫困家庭都能精准脱贫，2014年，国务院扶贫开发领导小组办公室印发了《扶贫开发建档立卡工作方案》，要求在全国范围内建立贫困户、贫困村、贫困县和连片特困地区电子信息档案，构建全国扶贫信息网络系统。通过建档立卡，对贫困户和贫困村进行精准识别，了解贫困状况，分析致贫原因，摸清帮扶需求，明确帮扶主体，落实帮扶措施，开展考核问效，实施动态管理。建档立卡以收入为主的同时，还综合考虑住房、教育、家庭成员健康等情况。农户结合家庭实际情况提出申请，村里开展民主评议，评选结果进行公示，最终实现整户识别。建档立卡政策作为精准扶贫工作的基础，实现了中国贫困治理历史上贫困户识别第一次到村到户到人，成为国家扶贫体系的重要组成部分。

2016年7月，习近平总书记在东西部扶贫协作座谈会上指出，摆脱贫困首要并不是摆脱物质的贫困，而是摆脱意识和思路的贫困。扶贫必扶智，治贫先治愚。贫穷并不可怕，怕的是智力不足、头脑空空，怕的是知识匮乏、精神委顿。当下，"扶智"和"扶志"已然成为精准扶贫方略的重要组成部分，是中国贫困治理智慧凝结的理论新成果。未来随着农村绝对贫困成为历史，生存性贫困将不再是中国农村贫困的主要特征，除了少部分特殊群体必须依靠政府托底政策给予生活保障以外，其余群体的致富则越来越需要依靠自己参与当地经济建设，获取劳动报酬。精准扶贫成果是否可持续取决于：一是已经脱贫人口不再返贫；二是贫困人口具有自我发展的能力。政府的转移支付虽然对缓解区域经济发展不平衡具有重大作用，但受限于作用区域的吸收能力。一些学者利用国家级贫困县数据的实证分析发现，吸收能力对政府转移支付资金的使用效率的解释力高达50%，而贫困人口自我发展能力和政府能力不但影响着扶贫资金使用效率，还关系着减贫成效是否可持续。未来相对贫困、相对落后、相对差距将长期存在。新时代必须将习近平总书记关于扶贫工作的重要论述落到实处，完成全面消除贫困的历史使命，做好扶贫与扶志、扶智相结合，快速高效实现"真扶贫、扶真贫，真脱贫、脱真贫"。

党的十九大报告强调"把党的群众路线贯彻到治国理政全部活动之中"，"紧紧围绕保持党同人民群众的血肉联系，增强群众观念和群众感情，不断厚植党执政的群众基础"。精准扶贫是全面建成小康社会目标的国家战略，打赢精准扶贫战役是全国人民的共同愿望,其不但要求相关制度顶层设计科学,更重要的是制度在运作中不要出现差异和缺陷,乃至带来与预设目标相悖的现象。党和国家机关在组织实施精准扶贫过程中建立、加强、深化与人民群众、社会各界的"政治联结",促进党和国家与不同社会成员、群体、社区在利益铸造、情感深化和文化认同等维度的统一,改善党与群众的联结关系,实现全民参与式的精准扶贫。例如,新疆喀什疏勒县安居尔村是中国人寿保险股份有限公司定点帮扶贫困村,陕西省大荔县龙门村是渭南师范学院定点帮扶贫困村,这种对口"联结"体现在贫困户精准识别过程中的入户调查和民众参与、精准帮扶过程中的驻村工作组和干群结对机制、精准考评过程中的民意摸底和干部监督,等等。值得强调的是,精准扶贫过程中建立的联结机制是制度化和项目化的,相较以往粗放式扶贫开发,其特点是更精细、客观、公平、公正,这种联结再造将在很大程度上转变农村社会的政治生态以及党与群众的关系。

五、中国精准扶贫加速世界减贫进程

中华人民共和国成立70多年来,通过深化改革、对外开放和以政府为主导的有组织有计划的大规模扶贫开发,中国贫困人口数量大幅下降,成为全球最早实现联合国千年发展目标中减贫目标的发展中国家,加速了世界减贫进程,为全球减贫事业做出了卓越贡献。按照国际贫困线标准(每人每天1.9美元),1990年世界贫困发生率是35.3%,撒哈拉以南非洲地区是54.4%,而中国却高达66.6%,2005年中国的贫困发生率首次低于世界平均水平,并呈逐年锐减趋势。中国从1981年末到2015年末贫困发生率累计下降了

87.6%，同期全球贫困发生率累计下降32.2%。2020年11月23日，国务院扶贫办确定的全国832个贫困县全部脱贫摘帽，全国脱贫攻坚目标任务已经完成。

联合国开发计划署2015年发布的《联合国千年发展目标报告》明确指出："中国在全球减贫中发挥了核心作用。"在"2017年减贫与发展高层论坛"上，联合国秘书长盛赞中国贫困治理成绩，称"精准扶贫方略是帮助最贫困人口、实现2030年可持续发展议程宏伟目标的唯一途径，中国的经验可以为其他发展中国家提供有益借鉴"。世界银行2018年发布的《中国系统性国别诊断》报告称"中国数十年的经济快速发展使中国取得了史无前例的减贫成就"。中国精准扶贫的新理论、新方法、新实践为全球贫困治理提供了中国范例，彰显了中国共产党领导和中国社会主义制度的政治优势，赢得了国际社会高度评价。

六、新时代巩固拓展脱贫攻坚成果

党的十八大以来，以习近平同志为核心的党中央团结带领全党全国各族人民，把脱贫攻坚摆在治国理政突出位置，经过8年持续奋斗，我们如期完成了新时代脱贫攻坚目标任务，现行标准下农村贫困人口全部脱贫，贫困县全部摘帽，消除了绝对贫困和区域性整体贫困，近1亿贫困人口实现脱贫，取得了令全世界刮目相看的重大胜利。中国特色社会主义把扶贫开发工作提高到了社会和政治的高度，党的正确领导和全国人民的不懈努力，使得中国从贫困界定演变、扶贫工作重心转移到扶贫政策措施的落实的过程中不断进行体制机制创新和政策创新，确保在经济发展的同时，贫困人口不断下降，扶贫工作不断深化，最终取得脱贫攻坚战全面胜利。

随着经济实力的不断增强，中国贫困标准也不断提高，从20世纪80年代的基本食物保障，到2000年的基本食物附加一些蛋白质食物及非食物需求，再到2010年与世界标准贫困线持平。进入新时代，特别是党的十八大以来，中央提出的"两不愁、三保障"的脱贫标准，首次突破了世界银行和联合国的最低贫困线要求，适应了中国全面建成小康社会的总体目标。精准扶贫、精准脱贫的关键在于识别贫困人口，在于因地、因人制订脱贫方案。中国实施的"建档立卡"措施，在世界扶贫开发史上是一种前所未有的创新举措，也只有在中国共产党强有力的领导下，在实施五级行政管理与分工的政治体制下，才可能在一个14亿人口国家内部，把每一个贫困户和贫困人口精准识别出来，通过大数据和现代信息手段，把建档立卡户的详细动态信息从地方联通到中央。在具体的脱贫工作中，各地政府通过"五个一批"，进行多维减贫，包括生产、生态补偿、兜底、异地搬迁、教育医疗辅助等，以及通过公共设施、公共服务支持，统筹中央、地方和社会各方面的资金，大力改善贫困地区的交通、医疗和教育等条件，使所有贫困地区的人口充分享受到国家扶贫开发投资的经济社会效果。中国的扶贫工作与其他国家最根本的区别不仅在于政府的政治意识、统筹扶贫资金和应用资金的能力，更在于扶贫措施如何通过驻村干部和党群联动贯彻到村到户到人的执行体制。中国经济发展和减贫的成就，大大超过全球其他发展中国家。特别是习近平总书记关于精准扶贫的重要论述及战略措施已经深入人心，深入每一个村庄、每一个贫困家庭，使中国的扶贫理论及实践已经明显突破了世界现有减贫理论及实践边界，为人类的扶贫开发工作贡献了中国的智慧及方案。

当前，中国经济发展处于增速放缓、结构优化与驱动转变的新时代，社会的主要矛盾已经转化为人民日益增长的美好生活需要和不平衡不充分的发展之间的矛盾，这就要求中国经济今后的发展必须更加注重质量及可持续性。习近平总书记在参加第十三届全国人大二次会议甘肃代表团审议时明确指出："当前，脱贫攻坚战已经进入最吃劲的时候，必须坚持不懈做好工作，不获全胜、决不收兵。"2020年中国全面建成小康社会，实现了第一个百年奋斗目标，精准脱贫不但是均衡社会发展，更是决胜全面建成小康社会的关键内容。

中国社会经济发展正处于历史的重要关口，2022年人均GDP已经突破1.2万美元，再经过3~5年的稳定增长，有可能达到全球的平均水平，为跨越"中等收入陷阱"打下牢固基础。不过，正因为中国在不久的将来必将超越美国，成为全球第一大经济体，美政府当局才不断采取诸多手段，包括贸易摩擦、技术封锁等，来阻止或者延缓中国追赶美国的时间。同时，世界经济危机的阴霾在欧洲和其他地区还挥之不去，欧元区再次降息，并实行新一轮的量化宽松，美联储从2018年的提高利息改变为2019年的连续降息，表明世界经济可能已经进入了新一轮的通缩，甚至是全球性的经济衰退。

在这样的时代背景下，全球新冠肺炎疫情暴发无疑对世界经济发展造成进一步打击，尽管疫情已经得到控制，但西方国家主导的技术封锁、逆全球化思潮仍在时刻威胁国际经贸发展，经济增长的压力越来越大，通过微小的刺激，只能减缓经济增长下行的速度，不能改变下行的基本格局。大水漫灌的刺激措施也不可行，主要是债务的不断提高会给长期的经济增长带来更大的风险。面对国内外的风险和压力，中国当前最佳的应对措施就是"稳"字当先，通过区域均衡增长缩小城乡差距、挖掘内生动力，通过产业结构转型升级确保就业稳定增长和民生改善，通过技术创新以提高全要素生产率，通过"弯道超车"对发达经济体实现技术超越。精准扶贫、精准脱贫不仅有利于社会稳定团结，有利于增强中国共产党的执政能力和基础，更重要的是通过提升贫困及低收入人群的生活水平及创造能力，为中国广大农村注入持续发展的原动力，充分体现中国特色社会主义制度及文化的优越性。当前中国已经全面建成小康社会，实现第一个百年奋斗目标，中国未来的扶贫扶弱重心将转移为支持低收入人群的就业和生活水平的不断提高，在中国特色社会主义现代化建设过程中，确保全体低收入人群能够分享到经济发展的成果，实现共同富裕的伟大目标。

七、巩固脱贫攻坚成果，推动重庆高品质生活民生建设

（一）重庆总体脱贫攻坚成果

重庆作为西部地区最大的直辖市，也是西部地区决胜脱贫攻坚战的重要高地，"十三五"时期特别是党的十九大以来，市委、市政府坚持以习近平新时代中国特色社会主义思想为指导，深学笃用习近平总书记关于扶贫工作重要论述和视察重庆重要讲话精神，坚决把脱贫攻坚作为重大政治任务，坚决贯彻落实党中央决策部署，尽锐出战、攻坚克难，14个原国家扶贫开发工作重点区县（含自治县，以下简称区县）、4个原市级扶贫开发工作重点区县全部脱贫摘帽，1919个原贫困村脱贫出列，累计动态识别的原190.6万建档立卡贫困人口全部脱贫，14个原国家扶贫开发工作重点区县农村常住居民人均可支配收入由2015年的9120元增加到2020年的15019元，原建档立卡贫困人口人均纯收入由2015年的5012元增加到2020年的12303元。"十三五"时期，14个原国家扶贫开发工作重点区县、4个原市级扶贫开发工作重点区县GDP年均增速7.6%，比

全市平均增速高0.4个百分点，脱贫地区发展驶入"快车道"。

与此同时，重庆极大改善了农村生产生活生态条件，全市行政村通畅率由2015年的87%提高至100%，农村脱贫人口供水入户比例达99.7%。完成脱贫人口易地扶贫搬迁25.2万人，改造农村危房30.9万户。建成村卫生室9914个，农村5230所义务教育学校（含教学点）办学条件达到基本要求。所有脱贫村通宽带、4G信号全覆盖，农村电网供电可靠率达99.8%。脱贫群众出行难、饮水难、用电难、上学难、看病难、通信难等问题普遍得到解决。重庆全市5800个驻乡驻村工作队、5.71万名驻村工作队员（含第一书记）、20余万名结对帮扶干部扎根一线，回引本土人才1.59万名，1919个脱贫村均有村级集体经济收入，同全国一道如期完成脱贫攻坚各项目标任务，让所有脱贫群众实现了"两不愁"真不愁、"三保障"全保障，让区域性整体贫困得到了有效解决。我们团队曾走访重庆酉阳、云阳等多个贫困县，切实感受到地方政府与群众共同努力，最终取得脱贫攻坚战全面胜利。

（二）重庆脱贫攻坚案例

云阳县地处重庆市东北部的长江两岸，三峡库区腹心，目前全县已整体脱贫摘帽（即全县贫困发生率低于西部地区的脱贫标准3%）。县城西距重庆主城区高速路里程300公里，距万州机场、高速铁路40公里，东距湖北宜昌市水路里程290公里。云阳县城整体依江而建，老城区因三峡水库的修建整体移民搬迁。县城外的其他乡镇则大多分布于大山深处。这些乡镇虽然与万州机场、高速铁路相距较近，但山路难行，距离较远的乡镇到县城需要1~2小时车程，比如泥溪镇镇区到云阳县城开车需要1.5小时。下属乡镇的村民如果要长途出行，需要到本县县城或临近的其他县城后才能乘坐到长途班车。全县幅员3649平方公里，辖38个乡镇、4个街道办事处，总人口137万人。

泥溪镇，地处云阳县南部，平均海拔188~1200米，是云阳县唯一的深度贫困镇，幅员127平方千米，辖8个村、2个社区（都为农村社区，亦是集镇所在地），98个村民小组，总户数5018户，17395人，其中非农业人口5215人，农业人口12180人；人口密度159人每平方千米。集镇面积71850平方米，集镇人口4150人，城镇化率23.5%。自2014年至2018年，泥溪镇共有7个贫困村，分别为泥溪社区、胜利村、枞林村、鱼鳞村、石缸村、协合村、长柏村。2017年，泥溪镇实现全镇脱贫摘帽，2018年全镇人均纯收入9900多元；在摘帽前，泥溪镇的贫困发生率为12%，精准扶贫过程中，共识别出498户贫困户（合计1914人）；到2018年，泥溪镇仅余37户贫困户、105人未摘帽，其中有21户因病致贫，10户因学因残致贫，有22户已纳入低保兜底对象，贫困发生率降低为0.73%。

图19所示的两个贫困村是泥溪镇的典型案例，在调研时都已脱贫摘帽。两个村的大体情况基本相同，都处于山区地带，约三分之二的劳动力现都在外地打工，没有外地迁入本地的居民，也没有少数民族。两个村都实现了"乡风文明、村容整洁"社会主义新农村的发展要求，由贫困户负责的义工岗位清扫道路、倾倒村内垃圾。联坪村距离泥溪镇镇区较近，最近的村民开车20分钟以内可到达镇区，因此有些村民为了子女上学方便，在镇区购买了住房。枞林村则距离镇区较远，车程1小时左右。目前仅有一条公路连通外界。枞林村处于自然保护区之中，两山夹一道，地势更加险峻。有些村民得到了退耕还林补贴不再从事农业生产，有些村民外出打工后便不再回来。因此，枞林村人口更少，现在也不再设立小学，少部分需要上学的孩子会在邻村的小学读书。

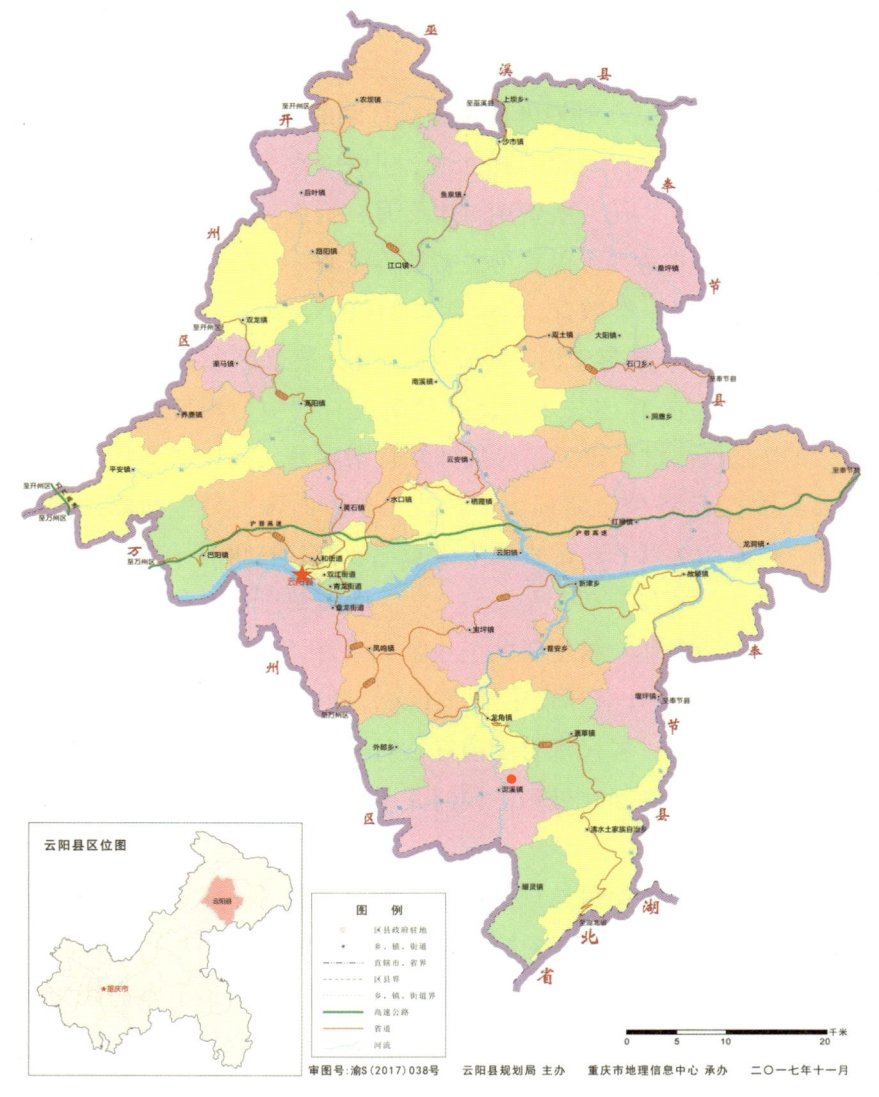

图19　云阳县地理位置与走访地点

注：红色星标示云阳县县城所在位置，红点标示调研地点——泥溪镇，地图来源：百度地图

联坪村作为贫困村，于2014年脱贫摘帽。建档立卡贫困户41户，建档立卡贫困人口166人，低保户保障标准为420元/月。全村有耕地3426亩，人均土地面积1.5亩。联坪村靠近泥溪镇镇区，交

通位置相对便利，村民居住相对集中。村民居住在附近几座不同的山上，有硬化公路贯连村内的交通，但部分家庭没有通往主路的人行便道。该村村民一般乘坐自用车或打摩的（一次10~15元）去云阳县县城乘坐汽车。村里有托儿所，儿童3岁多即可入托儿所，目前有十多个孩子。托儿所费用160元/月，提供免费营养午餐，贫困户和非贫困户儿童都可以获得免费营养午餐。村里有一座小学，但是只能提供3年小学教育，第4年开始孩子会转入镇上的泥溪小学读书。由于村子坐落于山上，家庭较为分散，因家庭地理位置而异，上学路程在2~15公里之间。村里没有初中，到最近初中的距离大约7公里，村里孩子完成义务教育很容易。高中或职校要到云阳县去读，有55公里路程，需住校，总体而言上高中和职校比较便利，村长叙述联坪村的少儿上学意愿较高，村里有一半的初中生会考上高中，每年有2~4人考上大学。泥溪镇全镇都积极开展了村容与乡风整治工作。村里公共卫生情况很好，道路很干净，垃圾有指定堆放地点，每个月集中清理1次，随处可见"物归位、禽归栏……"的标语，村民都自觉遵守践行。村中家家都使用上了自来水，并经过了集中净化处理。同时几乎每个家庭都使用干净的冲水式厕所。

村内卫生服务站虽然规模不大，但是常见的小病都能医治，而且距离镇上也很近，村民看病就医很方便，常吃的药很多都比较容易拿到。村民们都加入了新农合医疗保障，但在村诊所拿药因为不开具发票，所以不能报销。一般疾病，非贫困户每年的报销比例只有新农合设定的医保额度（2018年约为80元，2019年据说提高到220元）。贫困户看病报销比例可以达到80%，具体比例取决于病种、医疗器械和药品是否在医保范围、是否是进口产品以及去就医的医院等级，医保报销手续也很简单，所以在医疗上的负担减轻了很多。家庭的一般就业方式为农业和打零工，还有一些妇女主要是带孩子。村里的劳动力中从事农业劳动的占比为22%，在本村以外的地区工作的劳动力占比为70%。从事农业劳动的农户中，个别农户（3~4户）收入3000~4000元/年，大多数为自给自足，主要农产品为玉米（喂猪和家禽）、红薯和洋芋（种得多的家庭会拿一部分出去卖，换取米和肉）。村内的企业有两家，可以解决部分就业。村集体同时在全村范围内推广种植柑橘，去年刚种植，明年第一次结果，可以吸纳本村的贫困户增加其收入，零工80元/天，每月零工平均可以获得500~600元。

2018年全村的扶贫资金总额为1038.4万元，直接现金补贴给贫困家庭占扶贫金额比例为2%，以低保款项的形式发放。建档立卡户无直接的现金补贴，只有义工岗位的劳动报酬。工农业生产和基本建设占扶贫资金比例为98%，主要用于种柑橘、修水利等基建1000万元；12万元提供给为贫困户设定的义工岗位，涉及24人，每人每年5000元；养猪、羊等牲畜的生产补助1.2万元，标准为首次获助每户不超过2000元，单人不超过700元，第二次获助每户不超过1000元，单人不超过400元；每月还要提供2.1万元发放低保补助。

村集体共成立2家公司：一是农业开发公司，在全村范围内种植柑橘，有时也会承接包工零活，农户以土地入股，现已种植1425亩地的柑橘，村民与集体五五分红；二是劳务公司，承包本村或外地的基础工程，村集体占股51%，农户组成的劳务公司占股49%。另外，与村民交谈发现，村集体种植柑橘时多数农户没有参与，柑橘是村集体组织人员种植在闲置的土地上，并且半强制性地占用了农户的大多数土地，由于需要3年才能挂果，目前还没有收益。村集体提供的为柑橘打药施肥的零工岗位主要由贫困户参与，非贫困户参与较少。

枞林村2015年被划为贫困村，于2018年脱贫摘帽。建档立卡贫困户44户，建档立卡贫困人口158人，低保户保障标准为400元/月。全村有耕地1100亩（包括755亩旱地，345亩水田），人均耕地面积0.76亩，另外还有15396亩林地。枞林村地势两山夹一道，只有一条公路连接村落与外界。村内80%的地区已普及人行便道，比联坪村普及情况好。从村委会到最远的人家走路约80分钟。30%的家庭步行1小时到村委会，40%的家庭步行半小时到村委会，有15%的家庭还没有硬化道路。村里无公共汽车站，到最近的汽车站有8公里路程，50%的家庭有交通工具，乘坐摩的到镇区需要10元。枞林村有2所托儿所，但是孩子不多，大部分孩子都跟父母在外地。通过与村民交谈了解到，本村的孩子是在邻村上小学，但是只能教到3年级，之后同样需要到镇上的泥溪小学继续读书。据了解，泥溪镇共有8个村，2个社区，以前都设立了小学，现在由于在外打工的劳动力数量增多，仅余2个小学。类似于联坪村，枞林村也很重视村内的公共卫生，道路干净（负责义工岗位的贫困户会定期打扫）。村民自家的卫生及房屋周边的公共环境都保持得很好。村里的所有家庭都使用集中净化处理的自来水。由于该村各家庭分布很零散，很多都是住在比较高的山上，所以到卫生站看病就医路途比较难走，到镇上更是不方便。通过交谈了解，本村医保报销比例最多可以达到90%，乡镇医院大概能报75%，县医院大概能报50%~60%，县外医院大概能报30%。枞林村的家庭都在本地从事农业劳动，外出打工的不多。劳动产出基本都用于自家吃用，主要农产品与联坪村类似，为玉米、土豆和红薯及一些蔬菜。日常用品采购需要花10块钱打摩的到10公里外的镇上购买。村里有2家公司，即村委会入股成立的劳务公司和农业开发公司，农业开发公司目前也以推广柑橘种植为主要任务。目前这个项目以打零工的形式为贫困户提供一些收入来源，工资为60~80元/天。劳务公司在有工程类项目时，还可以提供120元/天的零工岗位。

2018年全村的扶贫资金总额为1000万元，没有直接现金补贴，扶贫资金100%用于工农业生产和基本建设。修建人行便道50万元，危房改造、生态搬迁、修建便桥、处理汛水、产业帮扶与道路硬化；生产性补助与联坪村相似，首次不超过2000元/户或单人不超过700元，第二次不超过700元/户或单人不超过400元；人居环境90元；厕所和厨房改造5000元/户，2018年30多户，70%的家庭用上了厨房和厕所。村干部叙述村集体成立的农业开发公司种植柑橘720亩，农民以土地入股占50%，集体占50%。同时项目提供施肥打药等零工岗位，也有外村劳动力参与。家庭的覆盖情况基本与联坪村相似，枞林村非贫困户表示该村提供的柑橘种植职业技能培训是针对为柑橘施肥打药的零工设置的，不参与零工的人不培训，这一点与联坪村不同。

我们团队一共走访调研了42户贫困家庭，均为建档立卡贫困户，总人口为154人。家庭的构成以16~64岁劳动力人口和65岁及以上老人为主，儿童较少，只有6个家庭有16岁以下儿童共计13人。多数贫困家庭的劳动力数量充足。目前，按照"脱贫不脱政策"的扶贫要求，贫困家庭依然享受政府补助，补助的组成各有差别，来源类型主要包括：生产补助、低保补助、教育资助、生态补贴、护理补贴、义工岗酬劳、退伍军人补贴、老干部补贴等。日常生活保障上，各家均用上了自来水，房屋多是砖混材料（砖瓦房），居住面积较为宽敞，室内装潢相对简单，家电及陈设较少，家庭耐用品价值平均为1868元。每个村都有村卫生服务站，所有人都参加了新农合医疗保险，小病在村子里就能医治，大病报销比例在80%左右，医疗负担明显减轻。村中有小学，适龄儿童均能接受义务教育。家庭生产情况方面，这些家庭分配到的土地以耕地为主，样本家庭从集体分配到的土地102.8亩，从别人或集体租用的土地20.1亩，在经营或种植的土地面积118.9亩，少量土地闲置。租用土地的人有8户，其中只有两户支付土地租金，每年100~150元/亩。家庭生产性劳动主要依靠人力，只有4户家庭有农用机械。主要生产的农产品为粮食和经济作物，种植的粮食基本上都是满足自家吃用。农业产出较少，这是因为村集体推广种植的经济作物（主要是柑橘）还未挂果成熟。

贫困家庭平均每户3.7人，家庭收入来源主要是政府补助、农业产出、养老金和务工收入。其中以务工收入为主，占到收入来源的67.84%，其次是政府补助占26.24%，养老金和农业产出占比较低。由于贫困户目前的农业产出主要是用于自家消费，许多家庭对产出的估计是偏低的。贫困家庭支出上主要是生活支出、教育支出和医疗支出。生活支出的用途主要包括购买自家没有种植的食物，以及用于孩子的生活开销；教育支出主要是高中和大学在校生的学习和生活费用；如果不考虑医疗保险，贫困家庭的医疗负担比非贫困家庭更加沉重，主要来源于老人手术及吃药的费用，但贫困户医疗保障报销比例较高，重大疾病可以享受80%的报销比例，扣除报销部分后，每年家庭平均医疗支出为2063元，相比其他支出而言医疗负担最终占比最低。贫困家庭金融资产主要是存款，有17%的贫困家庭已经在城镇购置了房产，负债包括银行贷款和民间借款。2018年有54%的贫困家庭有新增存款，44%的家庭新增存款超过5000元。贫困家庭负债上银行贷款多于民间借款，获得银行贷款的家庭大部分是依靠精准扶贫小额贷款。民间借款来源主要是亲戚和朋友，借款难度不大。贫困家庭的借款多用于生产经营、看病和子女教育。

从年龄结构上来看，有老人的家庭25户，占比60%（非贫困户中有老人的家庭有28户，占比49%）。有老人家庭中，超过一半的家庭靠老人自己养老，剩下的大部分靠在外务工子女养老，少数家庭靠在家务工子女养老。所有有老人的家庭都参加了养老保险，平均每户家庭可以领到1758元/年，加上子女的赡养费平均2243元/年，所以养老上每年每户家庭有4000元。接近80%的老人身体状况健康，所以老人的生活基本上都较为富足，不用为吃用发愁。从养老负责情况看，贫困家庭老人自己养老比例为52%，非贫困家庭为36%；贫困家庭子女养老占比48%，非贫困家庭占比64%。从比例可以看出，超过一半比例的贫困家庭平时老人自己照料自己，而老年人自己基本没有经济能力，因此家庭养老负担较重。相比之下，非贫困家庭子女养老比例高于贫困家庭16个百分点，子女们通常或在外打工，或在家打工，普遍都具有一定的经济能力，从而减轻家庭经济负担。

贫困家庭儿童总共有12人，年龄在3个月~14岁，儿童的健康状况都比较好，多数儿童幼时都是由母乳喂养。通过交谈发现，不管家庭条件多差都会首先保障孩子的吃用。大部分儿童都是由父母或祖父母监护，适龄儿童都在上学，也有针对学龄前儿童的托儿所，就学很容易。由于村里没有专门的儿童活动场所，也没有兴趣班或课余补习班，所以孩子们课余活动基本都是在自家玩耍或者看电视。大部分家庭都很重视孩子的教育，尽可能地供其上学，孩子们普遍也比较爱学习。16~64岁劳动人口在贫困家庭中占的比重高于非贫困家庭8个百分点，贫困家庭总体的劳动力数量充足，16岁以下男孩在贫困家庭中占的比重低于非贫困家庭8个百分点，16岁以下女孩和65岁及以上老人比例基本持平。仅就家庭结构和供养负担而言，贫困家庭和非贫困家庭的差异不大，贫困户的供养压力可能还会略轻于非贫困户。但贫困家庭患有重病的成员数量较非贫困家庭更多。2018年，42户贫困家庭农业总产出36100元，57户非贫困家庭农业总产出48940元。从户均（人均）经营/种植土地面积与户均（人均）农业产出来看，贫困家庭和非贫困家庭生产能力相当，差别很小。

泥溪镇主要采取的脱贫手段包括生产扶贫、教育扶贫、社会保障。前两者属于开发式扶贫，为当地脱贫的主要手段，覆盖了90%的贫困家庭；社会保障提供的兜底保障仅占10%，并与低保系统逐渐接轨。因部分村落位于自然保护区内（如枞林村），当地不存在生态补偿，但有少数异地搬迁贫困户。

在这些扶贫项目中，医疗补助、教育补助与产业帮扶占据泥溪镇扶贫资金使用的前三项。泥溪镇的贫困户中有三分之一约为因病致贫。当地政府为贫困户提供的医疗报销比例为80%（或贫困户自己支付的比例不超过10%），普通村民则按照医保标准进行报销，在重大疾病中可享受至少20%的报销比例。除此以外，对重度残疾的贫困户，泥溪镇每月提供600元的护理补贴，410元的低保补助和生活补助。因此医疗补助是泥溪镇扶贫资金的使用大项。教育扶贫资金的大额使用则可能来源于泥溪镇早期精准识别的偏离。据当地政府人员介绍，2014年前，泥溪镇的扶贫手段主要为开发式扶贫，低保系统与扶贫系统相互独立，许多低保户不愿意加入贫困户。因此在2014年前识别出的贫困户大多为教育负担重的家庭。2015年泥溪镇没有条件重新评定此前识别的贫困人群，这导致有些非贫困户依然在建档立卡名单中。

产业扶贫是泥溪镇主要的"造血式"扶贫手段。本次调研着重调查了三个产业扶贫项目——黑木耳种植、柑橘种植与香菇种植。香菇种植的经营者包含了许多本地私营业主（散养户），其他两个项目则采用了"村集体+合作社+贫困户"的发展模式，贫困户及其他村民通过土地入股、义工岗位等形式参与项目、获得收益。黑木耳种植与柑橘种植两个项目是当地两大特色产业。

泥溪黑木耳是当地的特色农产品，已经申请了国家地理标识和有机认证。与其他地方种植的黑木耳不同，泥溪镇种植的黑木耳以青杠木作为菌种载体（许多地区只使用普通木材为载体），采用全手工灌菌、采摘。种植基地内，青杠木架之间设置有自动喷淋装置。种植者可以在手机软件中实时监测黑木耳生长的温度和湿度，设置自动喷淋的时间。在黑木耳生长的关键期，也会采用人工灌水，保持黑木耳生长所需的湿度。黑木耳在生长期间不会遇到病虫害威胁，但是会受到杂菌的侵袭。在调研中，我们观察到靠近道路的青杠木更容易混入杂菌。有杂菌生长的青杠木，黑木耳产量会下降、品质也会受到影响。当地灭除杂菌的方法主要是手动摘除杂菌。一般而言，泥溪镇黑木耳种植不需要人力的特别管控，在灌菌、采摘、除杂菌环节以劳动力投入为主，生长时期则是小机械（喷淋装置）与劳动力相结合。2018年泥溪镇发展黑木耳50万段，其中南山岭黑木耳种植专业合作社20万段，10个村（社区）级基地合计20万段，分散农户10万段，到2020年泥溪镇全镇累计发展200万段。

黑木耳种植的成本收益如下。一段青杠木的采购成本为5元，可使用1年半，其间大约有4~5次收获期，每次大约可收3两黑木耳，售价约为30元。考虑到人工、机械、菌种等费用，3两黑木耳的成本约为17元，毛利率约为43.33%。按照合作社与种植基地共40万段青杠木计算，每年泥溪镇黑木耳种植的收益为520万元。根据当地工作人员的描述，村集体会按照三七比例将收益在合作社与村民之间分配，村民应可获得156万元。

村集体很有热情地计划进一步提高黑木耳项目的收益。因为青杠木在完成种植黑木耳的作用后，还可以被回收利用作为燃料。他们已经建设了一个废木加工厂，正在开发废木回收项目，将使用过的青杠木打碎后重新压塑成清洁燃料。它的特点是无烟、环保、燃烧时热值高（相对于煤炭），每吨的市场价格可以达到1200~1500元（高于煤炭）。他们计划将东北地区作为主要的销售地，因为东北地区冬季漫长寒冷，这种燃料可以用作冬季取暖材料，并且比煤炭符合国家的环保法规。

泥溪镇黑木耳种植的发展模式分为三种：一是"镇公司+专业合作社+贫困户"；二是"村集体公司+村劳务公司+贫困户"；三是分散农户自种（见图20）。据当地工作人员介绍，该发展模式可以为贫困户提供多种收入来源，包括帮工收入、自种产出和参股分红。在我们与贫困户、村民的对话访谈中了解到，贫困户参与分红的主要方式还是帮工收入。这在泥溪镇的扶贫措施中也被称为"义工岗位"。

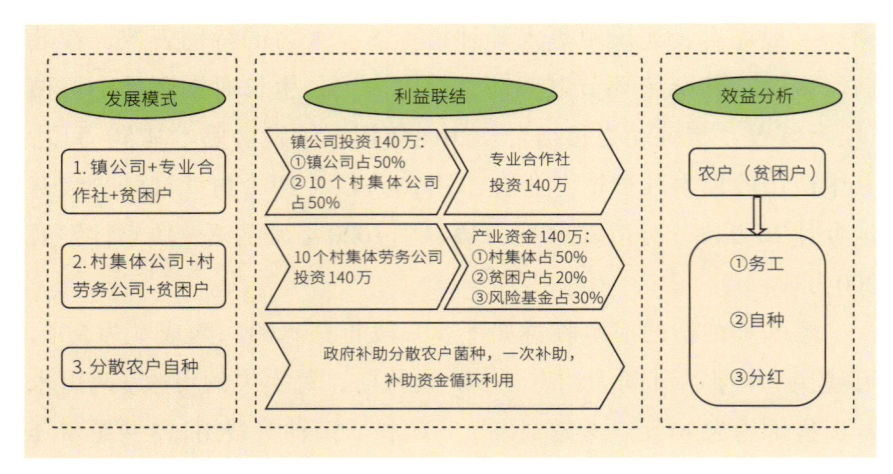

图20　泥溪镇黑木耳产业发展模式

发展模式
1. 镇公司+专业合作社+贫困户
2. 村集体公司+村劳务公司+贫困户
3. 分散农户自种

利益联结
- 镇公司投资140万：①镇公司占50% ②10个村集体公司占50%
- 专业合作社投资140万
- 10个村集体劳务公司投资140万
- 产业资金140万：①村集体占50% ②贫困户占20% ③风险基金占30%
- 政府补助分散农户菌种，一次补助，补助资金循环利用

效益分析
农户（贫困户）
① 务工
② 自种
③ 分红

　　泥溪镇政府对这种合作模式有着自己的困扰。他们认为村民和贫困户通常不愿意入股参与项目，包括现金入股、土地入股等各种形式都不被村民们看好。村民们更愿意出租土地，收获租金（一年的租金收入大约有300~500元）。这给泥溪镇政府推广产业项目带来了阻碍。在与村民走访交谈时发现，许多村民对泥溪镇的产业扶贫项目并不看好，拿现钱比等未来许诺的收益显然要稳妥许多。但泥溪镇人均土地面积偏小，同时分布在山间又非常零散，很难具备土地出租的规模性。所以，即便村民们愿意出租土地，通常也没有需求市场。

　　虽然这种合作形式难以达成共识，但村民们会乐于参加集体项目的帮工。在当地，黑木耳、柑橘、香菇的帮工收入大约为60~80元/天。我们在调研中也遇到了种植基地附近前来帮工的几位村民。

　　柑橘种植是泥溪镇2018年新开发的扶贫项目，调研时我们还无法了解柑橘结果采摘后的销售情况。其发展方式类似于黑木耳种植项目。略有不同的是，柑橘种植的行政推行力量比黑木耳项目更加强烈。村干部在农业发展公司与劳务公司中兼职管理。为了确保完成政策交代的扶贫任务，他们将村民的土地都种植上柑橘果苗，打算在行政力量让项目稳定运作后，再转交给专门的合作社和劳务公司。在联坪村和枞林村内行走时，可以看到田地里新栽种的柑橘果苗，大约一米多高。这些柑橘苗由村委会组织人员种植，村民基本没有参与。两个村对果苗的行政推行力度有些差别。联坪村的村民说他们被半强制性地种上柑橘果苗，而不准种其他作物。因此，他们会在柑橘苗周围零散地种一些辣椒、土豆、红薯。有些村民会在家附近的土地上"偷偷"种一点玉米。而枞林村的行政推行力度要弱一些，这可能是因为这个村更处于山区深处，村民拥有的土地和居住的房屋也更为分散。在一些没有种上柑橘的土地，他们一般会自主地种上蔬菜、稻米、玉米供自家吃用。

两个村的许多村民都表示不看好柑橘产业的前景。据村民们叙述，在这次柑橘种植项目前，泥溪镇就已经开展过红柚种植项目。当时村民们的态度要比这次热情一些。红柚苗和柑橘苗一样，都是精心选种，种出来的红柚据说口感很好，深受消费者喜爱。但是这些零散种植的柚子凑不齐量，最终多数都仅在泥溪镇镇区销售，价格自然也就卖不上去。有过这些经历，许多村民就不再热心柑橘或是红柚的种植项目了。在两个村，都可以看到之前种植的柚子树，它们已长成2米高的大树。村民们说因为红柚果实卖不出去，他们已经不再打理这些果树，任由其自生自灭。现在的柑橘项目也一样让他们困惑：这些柑橘最终会卖到哪里，会有多少人愿意买。他们不期待加入柑橘合作社能拿到收益，只要不强求他们自己额外投入资本和劳动力，他们也愿意努力配合村委会的扶贫工作。

村委会和村民各自都为当地的农业产业有所苦恼，其围绕的问题大致有三类：一是项目的选种，不论是红柚、柑橘，还是黑木耳和香菇，都与临近地区、乃至全国的扶贫项目同质化程度太高。这个可能是当地政府为了减少新项目的不确定风险，而借鉴其他地区优秀的成品项目。可这样的选择需要优先解决产品同质化的市场出路。二是项目的收益许诺在村民心中不可信赖。这是产品同质化带来的预期结果。红柚的销售障碍加深了村民对柑橘前景的怀疑，由此引发了村民与村委会对合作形式的不同意见。实际上，联坪村的村民们表示他们还没有和村集体公司签订过承包或合作合同。三是山区土地规模的局限。泥溪镇的土地旱地多、田地少，并且旱地都零散地分布在山上。这给柑橘的规模种植、管理与采摘增加了难度。而黑木耳、香菇需要的土地面积相对较少，因此在泥溪镇可以看到许多香菇与黑木耳种植散户。有些散户结成了"帮工"小组，今天在你家帮工，明天去我家帮工。换工也减少了种植的人工费用。当地政府可以更多考虑这类受土地约束小、产品附加值高、容易运输储藏的特色农业项目。

除了发展特色农业，泥溪镇的义工岗位是当地的扶贫特色。这个岗位既结合了产业扶贫项目中农忙季节的零工岗位，还兼顾道路清洁、垃圾收集等村容村貌的维护，以及农业技能培训的职责。岗位的提供者是村集体参与入股、发起成立的劳务公司（与负责黑木耳、柑橘推广的农业发展股份公司相互配合）。这两个公司由泥溪镇镇政府作为管理者，统一安排所有村落的发展规划。各个村成立村公司，负责运行和实现镇政府制定的发展目标。因此，在实际运作中，劳务公司（和农业发展公司）受村集体领导，也发挥村集体在生产中的调配作用。

义工岗位包含有三类：一是柑橘、黑木耳、香菇的管护（当地也称"水肥一体化项目"），负责给作物施肥、打药。这一岗位面向所有村民，但在实际中柑橘项目的义工岗位主要由贫困户担任。在上岗前，村集体会组织农业技能培训。每个村农业技能培训的受众有所不同。联坪村的受众是全村所有村民，当时没有外出务工的村民基本都参与了技能培训。枞林村的受众则只针对参与义工岗位的村民（大多数为贫困户）。二是道路清洁、垃圾回收等工作。这一工作只针对贫困户开放。在枞林村走访时，我们遇到参加过道路清洁的贫困户，一年可收入5000元，深受贫困户的喜爱。三是在农闲之时承包当地或外地的工程项目，组织村中的空闲劳动力参与劳动。这项工作是联坪村村长的介绍，在调查时还没有遇到。

这种采用村集体制的农业合作公司和劳务公司在现有的扶贫项目中属于少数。它的优点是可以发挥村集体在村民中的调配作用与权威性，更快地找到闲暇劳动力，组织、运作扶贫项目。但泥溪镇的集体制公司目前还不能在行政推行以外受到村民的认可。这是它在未来需要解决的问题。

（三）重庆如何巩固脱贫攻坚成果提升高品质生活民生建设

在党的领导下，中国取得了令世界瞩目的脱贫攻坚成就，重庆作为其中的重要一员，也在脱贫攻坚战中做出了卓越的贡献。脱贫攻坚工作不是一劳永逸的，打赢脱贫攻坚战、全面建成小康社会之后，还需要进一步巩固拓展脱贫攻坚成果，接续推动脱贫地区发展和乡村全面振兴。脱贫攻坚战是党领导下的一项伟大事业，重庆作为西部地区的重要增长极，在脱贫攻坚战中付出了艰苦努力，取得了显著的成果。脱贫攻坚不仅仅是提高收入，更是改善民生、提高生活质量、实现全面小康的过程。为了确保脱贫攻坚成果能够持久，必须采取一系列措施巩固脱贫攻坚战成果，确保脱贫不返贫、全面小康不掉队。重庆高品质生活民生建设主要应当从政策保障、产业发展、教育医疗、社会保障和监督机制五大方面着力。

脱贫攻坚的成功首先要归功于坚强的政策支持。巩固脱贫攻坚成果的第一步是巩固政策基础，确保相关政策的延续性和稳定性。市政府和各区县政府相关部门应该建立健全脱贫攻坚政策框架，将脱贫攻坚作为长期任务，并及时调整和完善政策以适应不同阶段的需求。其次，政策的实施能力直接影响脱贫攻坚成果的巩固。相关部门应该加强对政策实施的监督和评估，确保政策能够落地生根。此外，相关部门还应该加强培训政策实施人员的能力，提高专业素养，确保政策能够得到有效执行。

巩固脱贫攻坚成果的关键之一是多元化产业发展。市政府和各区县政府应该鼓励贫困地区发展多种产业，降低产业风险，提高收入稳定性，通过农业、畜牧业、渔业、工业、服务业等多个领域的发展，为当地居民提供更多的就业机会和增收途径。在多元化产业的基础上，还要发展特色产业，充分挖掘当地的资源和文化特色。通过发展具有地域特色的产业，不仅可以提高产业附加值，还可以增加当地居民的收入。此外，特色产业还有望吸引更多的游客，推动旅游业的发展，带动当地居民的增收。

教育是脱贫攻坚的重要一环。市政府和各区县政府应该继续加大对贫困地区教育的投入，建设更多的学校和培训机构，提高教育资源的均衡分配。同时，还应该加强对贫困家庭孩子的资助，确保他们能够接受高质量的教育。健康是幸福生活的基础。市政府和各区县政府应该加强对贫困地区医疗卫生体系的建设，提高基层医疗机构的服务能力，确保贫困地区居民能够享受到高质量的医疗服务。此外，还应该建立健全医疗扶贫政策，减轻贫困家庭的医疗负担。

为了巩固脱贫攻坚成果，市政府应该建立完善的社会保障体系，包括养老、医疗、失业、住房等多方面的保障措施。这些保障措施可以帮助贫困地区居民应对风险，提高生活质量。与此同时，还应该努力扩大社会保障的覆盖面，让更多的贫困地区居民能够享受到社会保障的好处。具体来说，要把社会保障政策覆盖到更多的农村地区，把社会保障项目扩大到更多的人群，确保每一个贫困家庭都能够得到应有的保障。

巩固脱贫攻坚成果需要建立有效的监督体系。市政府和各区县政府应该建立健全监督机制，对脱贫攻坚工作进行全程监督，确保政策的贯彻执行和成果的实际落实，鼓励社会各界参与监督，形成多方监督的机制。政府还需要提高工作的透明度，公开政策的执行情况和成果的评估数据，接受社会各界的监督。同时，还应该建立健全问责制度，对脱贫攻坚工作不力的单位和个人进行追责，确保责任落实到位。

总之，巩固脱贫攻坚战成果是一项长期而复杂的任务，需要政府、社会各界共同努力。市政府和各区县政府应该坚持党的领导，加强政策保障，推动产业发展，改善教育医疗，建立社会保障体系，建立监督机制，确保脱贫攻坚成果能够持久巩固。同时，社会各界也应积极参与脱贫攻坚工作，为巩固脱贫成果贡献自己的力量。只有共同努力，才能够实现创造高品质生活目标，让每一个人都能够享受到幸福美好的生活。

第六章

重庆高品质生活的国际合作：打造内陆高品质开放高地

作为"一带一路"和西部陆海新通道的重要节点城市，重庆在国际合作与打造内陆高品质开放高地方面扮演着重要角色。重庆的特殊地理位置决定了它的历史使命。中央政府把重庆定格为国家级经济地理中心，被同样赋予这种使命的特大城市只有四个：重庆，以及北上广，这是一种地理平衡的需要。重庆处在"一带一路"和长江经济带联结点上。十年来，重庆将共建"一带一路"与成渝地区双城经济圈建设、长江经济带发展等国家战略有效衔接，设施联通体系加快构建，贸易畅通量质齐升，制度创新更加有力。重庆市委常委、市政府常务副市长陈鸣波表示，重庆紧扣"大通道+大平台+大物流+大产业"融合发展，通过畅通道、建平台、促经贸、优环境，积极参与高质量共建"一带一路"，重庆正加快走上迈向"前沿"的开放之路，西部陆海新通道覆盖全球120个国家和地区的465个港口，始发铁海联运班列累计开行突破2万列；中欧班列连通欧亚100多个节点城市，率先突破1万列重箱折列，重庆已成为兼有港口型、陆港型、空港型、生产服务型、商贸服务型"五型"国家物流枢纽城市；通道互联互通持续加强，西部陆海新通道、中欧班列与长江黄金水道、"渝满俄"班列及空中航线实现高效联动，综合立体交通网络日益完善，助推重庆打造国内国际双循环战略枢纽。

重庆位于长江黄金水道的上游，注定成为长江黄金水道、西部陆海新通道与丝绸之路经济带的交汇点。重庆是中国的一个缩影，既有比较发达的区域，也有更多欠发展的人口和地区。这是经济发展的重大挑战，也是中国可以持续发展的内在潜力。中央政府希望重庆自贸区有所创新，有所特色，不仅要克服其他自贸区所面对的困境，还要在这些自贸区的基础上形成更高要求的特色之处。本章探讨重庆在西部陆海新通道与"一带一路"建设中的参与和贡献，探讨如何通过国际合作实现高品质生活目标。

一、西部陆海新通道与"一带一路"的重要意义

西部陆海新通道是以西部区域经济发展和国际经济贸易为基础，推进西部大开发形成新格局的战略通道，连接"一带"和"一路"的陆海联动通道，支撑西部地区参与国际经济合作的陆海贸易通道和促进交通物流经济深度融合的综合运输通道。西部陆海新通道利用铁路、公路、水运、航空等多种运输方式，由重庆向南经贵州等省份，通过广西北部湾等沿海沿边口岸，到达新加坡及东盟主要物流节点，运行时间比经东部地区出海节约10天左右。西部陆海新通道位于中国西部地区腹地，北接丝绸之路经济带，南连21世纪海上丝绸之路，协同衔接长江经济带，在区域协调发展格局中具有重要战略地位。

在党的十九届五中全会对构建"以国内大循环为主体、国际国内双循环相互促进的新发展格局"做出重要战略部署的背景下，推进西部陆海新通道高质量发展，对于加快实现西部经济循环的畅通，提升西部内陆地区内引外联的纽带功能，加快西部地区形成更高水平开放格局，带动西部地区实现更高质量发展；进一步夯实中国—东盟互联互通基础，加快推动东盟成为"双循环"融合区，推动中国—东盟区域经济合作向更高层次发展；保障国际物流供应链通畅，为维护中国—东盟供应链安全和产业链稳定提供重要支撑；加快促进西部内陆地区深度融入国际大循环分工体系，又要在西部地区承接东部产业转移的历史性机遇下，带动东西部地区优势互补，让两大地区市场充分循环，均有着极其重要的战略意义。

中国特色社会主义进入新时代，对区域协调发展提出了更高的要求。实现西部陆海新通道高质量发展，实质是立足西部陆海新通道建设现状，加快形成通道网格化布局，充分激发西部内陆地区内

需潜能，建立推动通道可持续发展的动力机制，打造更高水平对外开放新高地，秉持包容性增长的发展理念，最终实现西部陆海新通道优化升级，带动内外区域"双循环"，实现高水平开放，并且能够让参与各方充分获得共享高质量发展带来的实惠和成果。

建设更高水平的开放型经济新体制是应对新冠肺炎疫情流行产生的负面冲击，新贸易保护主义抬头，国内经济改革面临结构性、制度性障碍等国内外错综复杂挑战的有效举措。通过更高水平的开放型经济新体制与现代化经济体系间建立良性互动，是迈向高质量发展阶段的主要特征。推动西部陆海新通道高质量发展，需要不断提升西部地区对外开放水平，探索新的开放思路和方法，打造更高水平开放型经济，促进沿线西部各省份生产要素的有序流动、资源高效配置、市场深度融合发展，带动通道建设高质量发展。在经济全球化遭遇重挫的大背景下，中国开启新一轮对外开放，力促贸易和投资自由化便利化，旨在创造引领国际合作和竞争新优势，主动参与全球价值链重塑，贡献新型经济全球化。中国开启新一轮对外开放既是推动西部陆海新通道建设高质量发展的重大机遇，又是带动西部陆海新通道建设高质量发展的关键策略。

西部陆海新通道所涉地区覆盖内蒙古自治区、四川省、重庆市等西部12省（区、市）及海南省。截至2018年底，西部陆海新通道地区面积681.7万平方公里，占全国的70.97%；人口3.89亿人，占全国的27.87%；地区生产总值18.91万亿元，占全国的20.68%；进出口总额3816.70亿美元，占全国的8.47%。除了成渝地区、北部湾地区及关中平原地区，绝大多数省份经济相对落后、对外开放度较低。

2017年8月，重庆、广西、贵州、甘肃四省区市签署了"南向通道"框架协议，此为西部陆海新通道的前身。2018年，青海、新疆相继加入合作共建"南向通道"工作机制，随后中新两国正式签署合作协议，"南向通道"正式更名为"西部陆海新通道"。截至目前，西部陆海新通道"朋友圈"已经扩大成为"13+2"的新格局，包括西部12个省市区以及与海南省、广东湛江和湖南怀化的合作机制。

2019年8月，国家发展改革委印发了《西部陆海新通道总体规划》，这标志着西部陆海新通道上升到国家战略层次。

《西部陆海新通道总体规划》这一规划的总体内容包括两个方面，首先，可以从下面这张图（图21）看到，西部陆海新通道建设主体可以简单概括为三条线路、两大枢纽、两地港口。三条线路分别为中、东、西三线：中线自重庆经贵阳、南宁至北部湾出海口（北部湾港、洋浦港），着力于提升通道能力，尤其是贵州至南宁等新线路建设；东线自重庆经怀化、柳州至北部湾出海口，重点在加快改造既有铁路（渝怀铁路）；西线自成都经泸州（宜宾）、百色至北部湾出海口，目标为补齐通道短板，建设黄桶至百色等铁路项目。

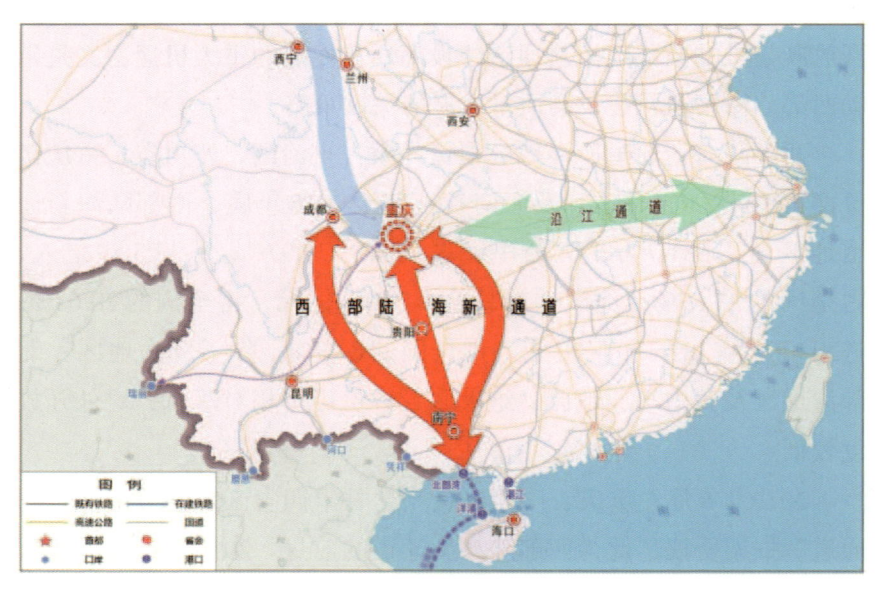

图21 西部陆海新通道空间布局示意图（局部）

其次，通道规划期为2019—2025年，展望到2035年。到2025年，经济、高效、便捷、绿色、安全的西部陆海新通道基本建成。到2035年，西部陆海新通道全面建成，通道运输能力更强、枢纽布局更合理、多式联运更便捷，物流服务和通关效率达到国际一流水平，物流成本大幅下降，整体发展质量显著提升，为建设现代化经济体系提供有力支撑。

西部地区疆域辽阔，但绝大部分是中国经济欠发达地区，激活这片潜力无穷的广阔土地，参与全国和全球的共同发展，最根本的阻碍是通路。西部陆海新通道减少了货物进出口西部的时间，节约了国际运输的成本，让中国西部更快进入市场的端口。西部陆海新通道将会连接起中国西部的广大市场和新加坡、越南等国家，从而促进产业的融合，提高供应链的效率，推动地区高质量和可持续发展。努力将西部陆海新通道发展成为一条稳定均衡的贸易之路，带动更广大区域内的经济和产业发展。

西部陆海新通道具有重要的战略意义。西部陆海新通道串联起西部地区，通过将城市连接在一起形成交通物流网络，进而依托基础设施投资拉动内生经济增长、提升微观经济主体生产经营效率，成为经济新常态下跨越"中等收入陷阱"的国家战略。因此，基于中国这样的地域范围和人口基数，以及发展中国家的初始条件，在"发展中国家如何实现经济长期可持续增长，追赶发达国家"这一经济学理论和实证研究核心问题上，提出完整严密的理论解析框架，来讨论西部陆海新通道对国民经济各方面的影响，并基于发展变化的经济发展形势，对西部陆海新通道经济的演化路径进行系统研究，不仅是对国际上基础设施与经济发展之间关系这一传统经济学问题研究的补充，而且将极大地拓展和深化交通基础设施网络外部性这一新问题，能够有效支撑中国在"一带一路"倡议下对其他发展中国家交通基础设施投资建设的国家战略决策。

二、"一带一路"与西部陆海新通道的发展历程

"一带一路"倡议是国家主席习近平在出访中亚和东南亚国家期间，于2013年9月和10月，先后提出的共建"丝绸之路经济带"和"21世纪海上丝绸之路"的重大倡议。共建"一带一路"致力于亚欧非大陆及附近海洋的互联互通，建立和加强沿线各国互联互通伙伴关系，推动沿线各国发展战略的对接与耦合，发掘区域内市场的潜力，促进投资和消费，创造需求和就业，增进沿线各国人民的人文交流与文明互鉴，让各国人民相逢相知、互信互敬，共享和谐、安宁、富裕的生活。

"一带一路"的宏伟架构需要由次区域的发展规划丰富起来，同时以交通基础设施联通、物流渠道优化作为抓手，形成次区域的协同发展。"一带一路"的一头是发达的欧洲经济圈，另一头则连接着活跃的东亚经济圈，中间广大腹地国家经济发展潜力巨大。中国先后在"一带一路"框架下，打通了中蒙俄、新欧亚大陆桥、中国—中亚—西亚、中巴、孟中印缅、中国—中南半岛六大经济走廊。中新（重庆）战略性互联互通示范项目"南向通道"建设为丰富中国—中南半岛经济走廊提出了新思路及发展路径，西部多个省区积极参与"南向通道"建设，也就是我们今天所说的西部陆海新通道的前身，在这一过程中"渝黔桂新"铁海联运已经取得了非常可喜的成绩，班列常态化运行近一年，目前"渝黔桂新"与中欧班列（重庆）已经完成无缝衔接，实现了内陆与海洋的互联互通，重庆的国际物流发展格局不断提升，欧洲的化工原材料等货物利用已经常态化运营的中欧班列（重庆）国际铁路联运通道，经重庆借助西部陆海新通道转运至东南亚；东南亚的服装、电子等产品，沿着西部陆海新通道直达中国西部，部分经重庆转运后抵运欧洲，具有

非常广阔的发展前景。以沿线中心城市为支撑，以重点经贸产业园区为合作平台，以六大经济走廊和西部陆海新通道建设架构丝绸之路经济带的物质载体，贯通一个新的大区域市场的脉络，是今后丝绸之路经济带建设的核心任务。

西部陆海新通道是新加坡政府在中新互联互通示范项目框架下提出的建设合作构想，得到中方的积极回应。中新两国积极推进西部陆海新通道政府间的合作，形成了比较完整的战略构想，成立了许多具有长期发展意义的建设项目。通过西部陆海新通道建设，可加强中国广大西部地区与东盟十国在铁路、公路、水路、航空等运输方式上的联系，就近强化西部地区的出海功能，形成复合高效、内外联动的立体跨境贸易流通网络，进一步挖掘西部地区开展国际贸易及投资的潜力。西部陆海新通道的建设，也为中国—中南半岛经济走廊注入了新活力。中南半岛是世界上国家第二多的半岛，面积达206.5万平方千米，占东南亚面积的46%。海岸线长达1.17万千米，有很多重要港湾。中国—中南半岛经济走廊以中国广西南宁和云南昆明为起点，以新加坡为终点，纵贯中南半岛的越南、老挝、柬埔寨、泰国、缅甸、马来西亚等国家，是中国连接中南半岛的大陆桥，也是中国与东盟合作的跨国经济走廊。

"一带一路"倡议实施后，中国与中南半岛沿线国家之间的贸易和投资呈加速推进态势。中国与东盟自由贸易区的合作不断深入，中国珠三角经济圈与中南半岛国家的经济联系日益密切，在中国—东盟命运共同体架构下，中国—中南半岛经济走廊发展日趋完善。该经济走廊东起珠三角经济区，沿南广高速公路、桂广高速铁路，经南宁、凭祥、河内至新加坡，以沿线中心城市为依托，以铁路、公路为载体和纽带，以人流、物流、资金流、信息流为基础，致力于形成优势互补、区域分工、联动开发、共同发展的区域经济体，开拓新的战略通道和战略空间。目前，在广东和广西地区正在积极推进沿线大城市间的合作，并通过产业园区开发和基础设施互联互通，推进经济大通道的形成，特别是沿线国际性交通运输大通道的建设，不断将中国与东盟更加紧密地联系在一起。

西部内陆地区不沿边、不靠海，以往外贸物流主要是以长江水道东向到达上海出海，去往东盟、欧洲等地区，经济性、时效性较差。贸易往来的增加，更需要强有力的交通支撑。2017年8月31日，重庆、广西、贵州、甘肃四方签署《关于合作共建中新互联互通项目西部陆海新通道的框架协议》，这标志着四省（市、区）合力打造西部陆海新通道，深度融入"一带一路"发展，对接"中国—中南半岛经济走廊"建设，有利于以重庆为代表的西部地区建设内陆国际物流枢纽、口岸高地和内陆开放高地。

西部陆海新通道本身就不单单是交通要道，更是经济走廊。西部陆海新通道具有广阔的市场前景，以重庆为例，从重庆经长江航运出海里程约为2400公里，运输时间超过14天，如果重庆借由西部陆海新通道经铁路到达北部湾港口，则运输里程约为1450公里，运距缩短950公里，运输时间只有2天，大大节约运距和时间成本。自2017年9月25日重庆开通"渝黔桂新"铁海联运重庆经北部湾至新加坡物流通道至2018年6月，累计开行铁海联运班列232班。西部陆海新通道物流可覆盖全球55个国家和107个港口。不到一年时间，广西、四川、甘肃、贵州等省区纷纷加入。目前已形成一条从重庆出发，经广西中转，贯穿中南半岛连接新加坡的一条国际多式联运大通道。广西凭祥与越南谅山接壤，是中国最靠近东盟国家的沿边城市，处于泛亚铁路网通道的重要节点，未来远期可通过泛亚铁路直达泰国曼谷、新加坡，是"铁铁联运"的最优选择；而广西钦州挟北部湾之地利，坐拥大西南最便捷的出海口，适合海上点对点运输，是"铁海联运"的理想支点。两者能够有效互补，支撑重庆转口贸易。新加坡也已于2018年8月28日揭牌了新加坡国际货物集散中心与西部陆海新通道配套。

由于基础设施薄弱、港口集疏运能力不强、航线稀少等原因，西部陆海新通道一直处于"通"而不"畅"的尴尬境地。相较于中国—中南半岛经济走廊经云南出境的陆上运输线,西部陆海新通道虽然规划较早,但是由于跨境陆上交通设施建设的政治、经济、文化方面所带来的风险不断,国内段部分总是快于国外段的建设进度,要么是一些已有的公路运输线路成本偏高,造成在短期内,不能形成区域间的国际贸易货物优化分流,贸易通道的打通,口岸的便利化,以及平台的综合优惠政策将形成中国西部的垂直经济增长带。西部陆海新通道建设将最北端的中蒙俄经济走廊,最南端的中国—中南半岛经济走廊连接起来,中间跨越了西部的诸多省份,形成一条垂直的带状经济繁荣地区。这条垂直经济带的建立,在内贸方面,将进一步促进西部地区省与省之间的互动联系,由目前的单点辐射或单点向外连通,扩展为多点、连片的联动辐射,直到最后形成巨大的内陆统一市场和该地区全面协同发展的新局面,以开放促改革、促融合、促发展。在外贸方面,由于出海的便利和运输方式的多元化,国际贸易将进一步加强,进出口贸易的范围、种类和目的地将进一步扩大。信息流、人才流、投资流将进一步得到促进。

三、西部陆海新通道现状分析

中欧班列自 2011 年开行以来,从无到有,快速发展,规模数量呈现井喷式增长。其中,2011 年至 2016 年历年分别开行 17 列、42 列、80 列、308 列、815 列、1702 列。进入 2017 年,中欧班列实现井喷式增长,全年开行 3673 列,同比增长 116%,超过 2011—2016 年前六年开行数量总和。2018 年继续保持快速增长势头,上半年共开行2490列，同比增长69%，累计开行数量突破10000列，被喻为"一带一路"上的"钢铁驼队"。但是，与去程的繁荣相比，经过6年时间的努力，返程班列也仅能初步实现重去重回，2017年返程占去程的53%，2018年上半年返程占去程的69%。在去程组织上，目前中欧班列运输货物品类已从单一的IT产品，扩大到衣服鞋帽、汽车配件、粮食、葡萄酒、咖啡豆、木材、家具、化工品、小商品、机械设备等众多品类；而在返程组织上，固定回程货源以汽配、机械设备、日用品、食品、木材为主，品类丰富度不够高。作为重庆乃至西部内陆地区最近的一条出海通道，"渝黔桂新"西部陆海新通道陆上铁路运距全程仅1200余公里，单向运行时间39小时左右，自2017年开行以来，累计已完成107班上下行、内外贸同车的铁海联运班列，其中上行班列46班，下行班列61班。自去年9月中新互联互通项目"渝黔桂新"南向铁海联运通道常态化运行班列在重庆铁路口岸发出以来，目前已实现钦州到香港"天天班"公共班轮，钦州到新加坡公共班轮直航3.5天，钦州到海防10小时直达。

　　西部陆海新通道利用铁路、公路、水运、航空等多种运输方式，主要有铁海联运班列、跨境公路班车和国际铁路联运3种物流组织模式。铁海联运班列，自重庆经贵州贵阳、广西南宁至北部湾出海口、自重庆经湖南怀化、广西柳州至北部湾出海口、自四川成都经四川泸州或四川宜宾、广西百色至北部湾出海口的3条铁路主通道，依托北部湾港（钦州港、北海港、防城港）、洋浦港、湛江港出海口连通国际海运网络，目的地已覆盖6大洲107个国家及地区的315个港口。2021年，铁海联运班列开行6560列，同比增长23%；运输集装箱32.8万标箱，同比增长24%，运输货值429亿元，同比增长52%。铁海联运班列发运箱量328029标箱，其中去程发运183630标箱，同比增长14%，回程发运箱量144399标箱，同比增长39%。铁海联运班列内贸箱量运输207230标箱，同比增长

22%，外贸箱量120799标箱，同比增长27%。去程方向铁海联运班列外贸箱量运输77346标箱，同比增长58%。通道运输总货值428.8亿元，其中去程货值241.3亿元，同比增长46%，回程货值187.5亿元，同比增长59%。铁海联运班列外贸总货值192.3亿元，同比增长64%，去程外贸货值96.6亿元，同比增长84%，回程外贸货值95.7亿元，同比增长48%。下面3幅图（图22~图24）可以更直观地看到西部陆海新通道的发展情况。

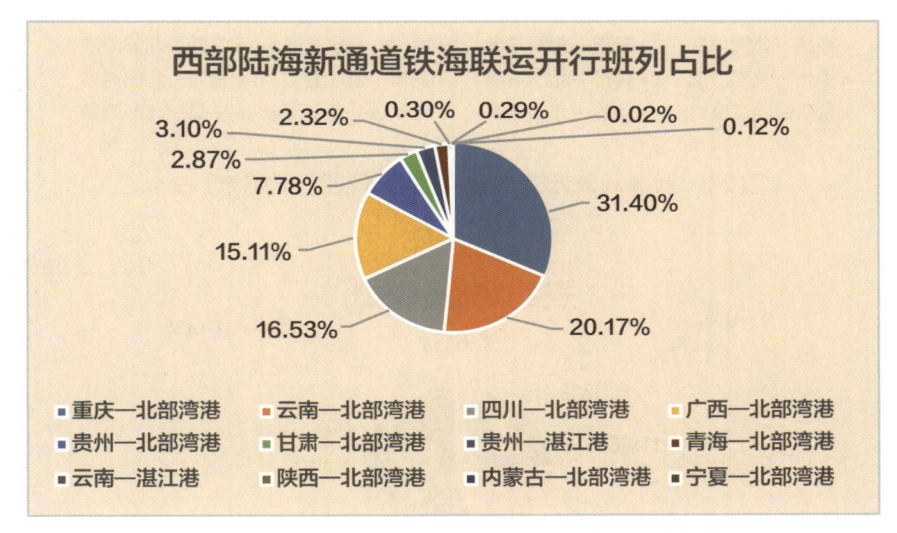

图22 西部陆海新通道铁海联运开行班列占比

各线路运输箱量占比

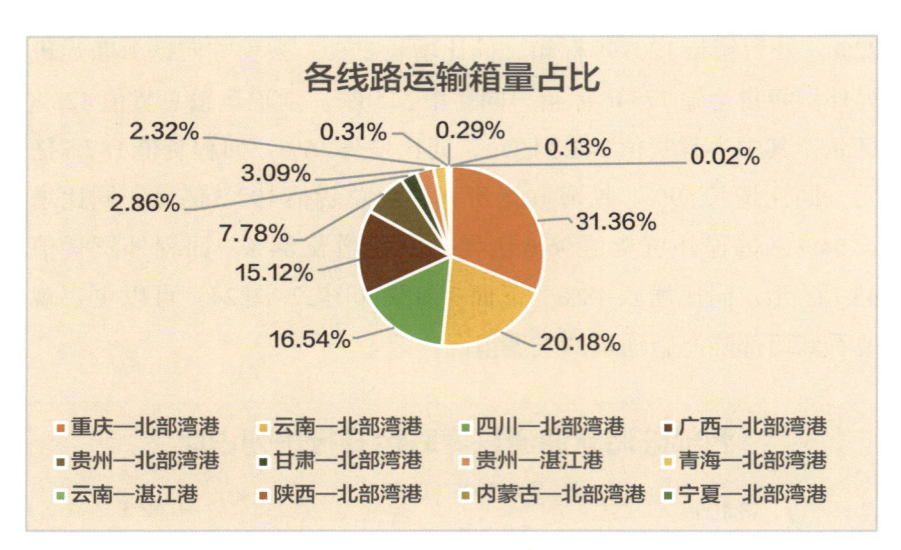

- 2.32% 重庆—北部湾港 31.36%
- 0.31% 云南—北部湾港
- 0.29% 四川—北部湾港 20.18%
- 0.13% 广西—北部湾港 16.54%
- 0.02% 贵州—北部湾港 15.12%
- 3.09% 甘肃—北部湾港 7.78%
- 2.86% 贵州—湛江港
- 青海—北部湾港
- 云南—湛江港
- 陕西—北部湾港
- 内蒙古—北部湾港
- 宁夏—北部湾港

图23　西部陆海新通道铁海联运各线路运输箱量占比

各线路货值占比

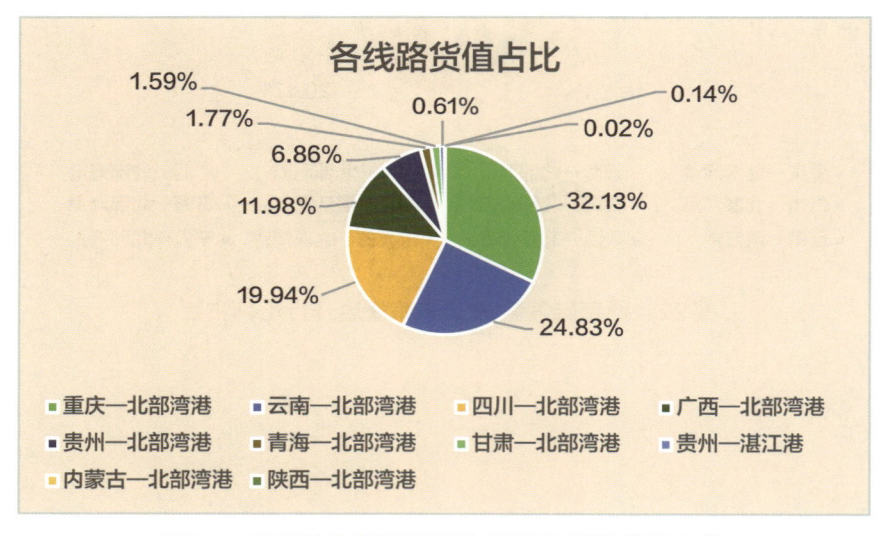

- 1.59%
- 1.77%
- 6.86%
- 11.98%
- 19.94%
- 24.83%
- 32.13%
- 0.61%
- 0.14%
- 0.02%

重庆—北部湾港　云南—北部湾港　四川—北部湾港　广西—北部湾港
贵州—北部湾港　青海—北部湾港　甘肃—北部湾港　贵州—湛江港
内蒙古—北部湾港　陕西—北部湾港

图24　西部陆海新通道铁海联运各线路货值占比

目前西部陆海新通道的跨境公路班车通过广西凭祥、广西龙邦、广西东兴、云南磨憨、云南瑞丽等口岸出境，通达越南、柬埔寨、泰国、老挝、缅甸等地，辐射整个中南半岛国家。2021年，跨境公路班车（重庆—东盟）共开行3347车次，同比增长19%，运输箱量74466标箱，同比增长17%，运输货值20.3亿元，同比增长45%。

西部陆海新通道目前的国际铁路联运班列全程采用铁路运输方式，通过凭祥等口岸出境至越南等东盟国家，与中欧班列等国际铁路实现无缝连接，形成一条跨欧亚大陆，连接东南亚市场的国际铁路联运大通道。2021年，国际铁路联运班列运输集装箱12050标箱，同比增长131%，运输货值28.5亿元，同比增长-25%。国际铁路联运班列去程箱量6226标箱，同比增长328%，回程箱量5824标箱，同比增长55%。国际铁路联运班列去程货值1.8亿元，同比增长11%，回程货值26.7亿元，同比增长-32%。铁海联运、跨境公路和国际铁路运输，开通班次普遍增长，运输集装箱数量也大幅度增长。重庆和云南到北部湾港路线是西部陆海新通道的主力，两者占到一半的运输量，所以在保证这两个省市运输量的前提下，要扩建其他省市的铁路线路和公路线路，提高运输班次。

四、融入"一带一路"、畅通西部陆海新通道对于重庆发展的重要意义

在对外开放大潮中，重庆处于丝绸之路经济带、中国—中南半岛经济走廊（连接21世纪海上丝绸之路）与长江经济带"Y"字形大通道的联结点上，具有承东启西、连接南北的独特区位优势，中央对重庆有建设内陆开放高地、西部开发开放重要支撑点的加持，作为丝绸之路经济带的重要战略支点、长江经济带的西部中心枢纽、海上丝绸之路的产业腹地，重庆被赋予带动西部地区开放发展的重要使命。近年来，重庆积极推行各类政策融入国家"一带一

路"倡议和长江经济带发展战略,在没有西部陆海新通道之前,要发挥重庆的辐射带动西部地区经济中心的作用困难较大,重庆自身也竭尽所能,开辟西向的跨境物流通道,不断降低货物贸易成本,也取得了十分亮眼的成绩,以及广泛的影响力,但是离自身的目标和中央的定位还有差距。而今,西部陆海新通道的建设,无疑给重庆再次打了一剂强心剂。西部陆海新通道以重庆为结点,向西和向北分别对接"渝新欧"和"渝满俄"两条班列,向南则以"渝黔桂新"班列连通"中国—中南半岛经济走廊",打通俄罗斯和欧洲至东南亚之间的贸易通道,以铁海联运的新模式改写了西部内陆地区远离沿海、交通往来不便的旧格局,更加突出了重庆在西部地区的中心和枢纽位置,上连甘肃、陕西、新疆、内蒙古,下接云南、贵州、广西、广东、湖南。重庆已经实实在在告别了开放的末端,成为内陆开放的中心和前沿。

近年来,重庆不断积极努力发挥自身作为西部大开发的重要战略支点的作用。早在2014年底,重庆市就发布了《关于贯彻落实国家"一带一路"战略和建设长江经济带的实施意见》,连接丝绸之路经济带和中国—中南半岛经济走廊,依托黄金水道建设长江经济带,以重庆市铁、水、空三大枢纽三大口岸和三个保税区为载体,将重庆建设成长江经济带西部中心枢纽,促进全区域对外开放。

自2011年3月第一趟满载IT产品的班列从重庆沙坪坝团结村中心站出发,经阿拉山口出境,最终抵达德国杜伊斯堡,拉开了中欧班列的序幕以来,重庆为西部内陆地区打通了一条直达欧洲的国际铁路联运大通道,也成为了"中欧班列"这一品牌的开创者。中欧班列(重庆),即"渝新欧"国际铁路联运大通道,是指利用南线欧亚大陆桥这条国际铁路通道,从重庆出发,经西安、兰州、乌鲁木齐,向西过北疆铁路,到达边境口岸阿拉山口,进入哈萨克斯坦,再经俄罗斯、白俄罗斯、波兰,最终抵达德国的杜伊斯堡;这条线路全长达11179公里，运行时间只需12~15天，较海运节约30天左右，而运费仅为航空的1/5，由沿途六个国家铁路、海关部门共同协调建立，占据中欧班列主导地位。目前，中欧班列（重庆）的目的地可达欧洲、俄罗斯以及中亚地区，主要出境口岸为阿拉山口、霍尔果斯、二连浩特、满洲里；到达越南的出境口岸为凭祥口岸。货源主要来自西南、华东、华南地区，日本、韩国、新加坡、越南等国家也有出货，其中，重庆及西南周边地区货源约占比50%，其他地区约占比50%；货物品类主要涵盖了笔电产品、整车及零部件、通讯设备、机械含汽配、服装、小家电、化工品（非危险品）、食品、冷链、医药及医药器械等，门类齐全。中欧班列（重庆）正在为沿线各国提供更加广阔的合作平台，加速催化重庆全区域的开发进程。

自成立以来，重庆自贸试验区释放出巨大的"磁吸效应"，吸引着新兴业态在此集聚，推动重庆乃至西部地区产业转型，致力于迈向高质量发展，如发展大数据、云计算、人工智能、智能制造等智能化产业。除飞机保税租赁和智能化产业外，现代制造业、健康产业、现代物流产业集群也正在加速形成。作为内陆自贸试验区，重庆自贸试验区依托"渝新欧"班列拓展国际物流大通道的功能，将对接"一带一路"，探索构建"陆上贸易规则"作为主要任务之一，中欧班列实现从长江果园港始发，中欧班列与长江黄金水道的"最后一公里"正式打通，"渝黔桂新"南向铁海联运通道和直达俄罗斯的"渝满俄"班列实现常态化运行，中欧班列（重庆）也成功开通越南国际班列。重庆东通大海、西通欧洲、南至东盟、北至俄罗斯的国际物流通道体系已经形成。

重庆正在成为非常重要的联结点。西部陆海新通道的建设，一个更为重要的意义在于其将有效地平衡长江黄金水道上的运力，同时有助于优化长江中上游沿线的产业布局，减少对母亲河的生态压力。长江是货运量位居全球内河第一的黄金水道，近年来，长江经济带沿途省份经济发展势头迅猛，长江水道的运载压力不断增大，长江干线航道下游"卡脖子"、中游"瓶颈"、上游"梗阻"、支流"不畅"的问题日益突出。三峡船闸最初的设计通行能力为每年单向通行5000万吨，这个通航能力原计划维持到2030年，但实际上在2013年就已经接近其设计运力的极限，目前的通航需求量远远超出预计；原设计中，三峡船闸每年的正常通航天数在320天左右，而现在几乎维持在365天全年运行，即使如此，通行量滞后仍然满足不了物流需求。2016年1月，习近平总书记在重庆召开推动长江经济带发展座谈会，此后又多次发表重要讲话，强调推动长江经济带发展必须走生态优先、绿色发展之路，涉及长江的一切经济活动都要以不破坏生态环境为前提，共抓大保护、不搞大开发，要将长江经济带建设成黄金经济带。

重庆身居长江上游，在西部陆海新通道开通之前，只能依赖长江水道将货物沿江输送至上海，经由上海转港最终抵达欧洲、东南亚市场。由于长江水道长期饱和运行，超长的航运时间大大降低了经济效益。今年年初，渝甬铁海联运班列首发开通去程班列，截至目前已运行39趟，开行频率也达到了隔天1班。过去需要半个月的时间才能到达母港，而通过铁海联运模式出海只需要不到60小时。在这条班列上，外贸箱的占比达到95%以上，主要货源有玻璃纤维、摩配、发动机组、汽缸盖等，货物流向主要辐射中东、日韩、欧美等国家，一定程度上减轻了对长江黄金水道的压力，为长江经济带建设和重庆东向的进出口贸易发展提供了有利的物流支撑。而西部陆海新通道的开通，更进一步地为重庆通达东南亚市场开辟了一条全新的道路，由重庆出发，搭乘"渝黔桂新"铁路抵达广西钦州港，接入"中国—中南半岛经济走廊"，通过铁海联运货物10天就能到达东盟主要港口，这与现在的"重庆—上海—新加坡"的江海联运模式相比，运输时间将缩短超20天。西部陆海新通道铁海联运模式不仅大大缩短了重庆与东盟的距离，还可以分担长江黄金水道的航运压力，避免搞大开发、大建设，维护长江经济带生态环境。

中新互联互通项目西部陆海新通道的建设，使"渝黔桂新"西部陆海新通道与"渝新欧"形成了一条"闭环"，将"丝绸之路经济带"和"21世纪海上丝绸之路"无缝衔接，是连接"一带一路"和长江经济带的重要通道，是重庆建设内陆开放高地和推动西部地区联动发展的重要载体。加强西部陆海新通道建设，发展多式联运和现代物流业，必将进一步提高西部内陆地区的互联互通水平，提升西部陆海新通道集聚辐射的能力，促进各类要素和产业向重庆汇聚，催化重庆对外开放水平，更好地发挥重庆作为内陆开放的中心和前沿，辐射带动西部地区经济中心的作用。

目前重庆打通南北的贸易通道基本已经实现，接下去的工作就是丰富和完善口岸政策和保障机制，以及优化整个物流和产业系统。完善"西向通道"的中欧货运班列和西部陆海新通道的向南铁海联运系统，有利于打造内陆各个区域的货物集散枢纽，构建物流网络，以物流促产业，以产业带发展，形成区域间产业的合理布局和良性竞争。重庆目前在电子产品、电信设备、汽车制造等方面具有比较优势；其实，同时可以承接一些鞋、服装等初级加工品的产业，以服务区域需求，因为该类产业在沿海加工中心正处于转型，比较优势有所下降，重庆可将其提档升级后就地垂直整合，将创新和智能与传统产业结合起来，丰富本地业态。本地产业越发多元化越好，因为大城市的发展不能靠产业集中度的提高来支撑。重庆需要产业的多元化，来提高本地经济发展的可持续能力。另外就是有利于创新国际贸易模式，制定新的贸易规则，顺畅多式联运、铁海、铁水体系。

五、打造内陆开放高地，助力重庆创造高品质生活

西部陆海新通道的建设是西部地区经济发展的一大着力点，目前铁路、公路、水路三种运输方式齐发力，铁路联运取得了优异的成绩。新时代推动西部陆海新通道稳步发展可以围绕中心城市建设和道路设施建设等几个方面发力。

（一）城市建设

首先，发挥双城经济增长极作用，做好产业集聚、人口规模、科技创新、连通北上广及其他国家中心城市等方面的中长期规划，加速实现主城都市区内部一小时通勤，主城与区域中心城区两小时城际交通，主城与任何一个区县三小时联通。充分利用北上广的牵引辐射作用，力争高铁运行时间缩短至六小时。促进成渝地区双城经济圈发展，打造高能级竞合并济成渝经济走廊，促进川渝毗邻地区合作，优势互补，形成合力和规模。以技术创新和高端人才聚集为牵引，促进传统产业转型升级，加速战略性新兴产业规模化发展，使成渝地区双城经济圈对西部地区和全国产生更大影响力和经济溢出作用。与此同时，还有加强建设人口一百万以上的城市副中心，构建区域中心城市连接其他中小城镇，特别是区县之间快速高效的交通通讯系统，为牵引周围区域经济和农村发展布好局。逐步取消城乡户籍隔阂，城区在医疗、教育、养老和其他社会服务方面逐步消除户籍制度歧视。加速实现主城都市区、区域中心城区、区域城镇带的医疗教育服务均等化高质量发展。

其次，要完善合作机制，构建层次更高、领域更广、协作更优的战略合作机制。争取国家发展改革委牵头建立西部陆海新通道国

际合作协商机制，组织编制西部陆海新通道国际合作规划，强化与东盟国家的机制衔接、战略衔接，注重与国家重大战略项目协调推进。将西部陆海新通道纳入"一带一路"国际合作高峰论坛框架，提高通道沿线国家的参与度。加强西部陆海新通道省际协商合作机制，定期开会通报情况，共商合作事宜。

（二）道路基础设施建设

首先要补足基础设施短板，在通道沿线重要节点，以开展地区分拨为主要功能，分类建设陆港型、生产服务型、商贸服务型等物流设施，完善相关服务。重点加强对接机场铁路物流园区、铁路物流港等物流枢纽的高快速路网建设，完善各级公路运输网络，补齐当前公路基础设施建设的短板。在道路基础设施建设的布局上，联动西部省区建设物流发展的主干道。加快推进国际贸易"单一窗口"建设，加强口岸的综合管理，降低口岸通关合规成本，增强铁路、机场、港口的整体竞争力。以增进国际互联网数据专用通道建设为重点，挖掘互联网资源，打造国际互联网信息，全面提升互联网产业发展的支撑能力、技术创新能力和安全保障能力，不断提高西部陆海新通道运营智能化水平。充分调动境内外金融机构的积极性，发挥好国际国内金融市场的作用，推进通道基础设施建设融资和物流金融创新。

其次，要推动产业融合，加大对西部陆海新通道相关项目的中央预算内投资支持力度，支持主通道交通基础设施、场站（港口）、多式联运转运设施、通道公共信息平台、口岸等引领性较强的基础设施建设。优化通道沿线省市产业竞合关系，根据各区域的产业特点进行统筹布局，发展本区域内有特色、有优势的产业。编制西部陆海新通道"十四五"产业发展规划，推动通道与产业融合发展。依托国家级新区和保税港区，以开放促物流，以物流促产业发展，建设离岸金融结算中心，建立一体化信息网络和服务平台，助力"一带一路"和西部陆海新通道建设，加快内陆开放高地发展步伐。

更重要的是，要推进运输方式一体化整合发展，由市级主管部门牵头协调铁路相关部门，开展货物全程一体化衔接组织，统一运价规则和相关政策，营造更加公平有序的市场环境，并由市级主管部门协同通道运营相关单位，根据不同站点班列运营管理模式，跟踪梳理班列运营综合成本，统筹调整通道扶持政策实施标准。探索建立内陆自由中转港。把中欧班列"关铁通"模式运用到西部陆海新通道。丰富进出口商品种类，实现通道回程运输的冷链进口商品在相关铁路口岸就地查验通关，提高进口贸易便利化水平。整合海关、航空、铁路等部门数据，建立共享服务通道平台，提升通道信息化、智能化水平。加强国际贸易"单一窗口"合作，开展跨境贸易全链条信息共享和业务协同。

结　语

本书旨在为读者提供一扇全面了解重庆创造高品质生活具体实践的窗口。

以中国式现代化全面推进中华民族伟大复兴，是具有中国特色、符合中国实际的现代化，是实现中华民族伟大复兴的光明大道。在习近平新时代中国特色社会主义思想指导下，高质量发展成为全面建设社会主义现代化国家的首要任务。高质量发展为高品质生活提供了物质基础，而高品质生活则为高质量发展提供了人力资本和创新动力，二者相辅相成。重庆要实现高质量发展和高品质生活需要着力推动建设高品质生活宜居城市群、依靠科技创新和产业升级赋能中心城市发展、促进城市群内部同城化发展、统筹城乡融合发展，并注重生产、生活、生态的协调发展。

制订高质量城市建设战略规划是创造高品质生活的基础，成渝地区双城经济圈建设是支撑中国西部大开发战略和构建"双循环"的关键一环。目前，双城经济圈内部存在"双核"城市强大而周边城市相对薄弱的问题，城市发展不均衡，存在同质化问题，尤其是在产业发展方面，重庆和成都两大核心城市之间的竞争激烈，产业重复建设与效率损失问题突出。此外，行政分离壁垒也限制了两地的合作，造成了经济发展的局限性。与其他城市群相比，双城经济圈腹地城市规模相对较小，需要加强副中心城市的培育和中小城市的发展，以实现错位竞争和优势互补。"双循环"新发展格局需要缩小区域发展差距，实现区域内部和区域之间的趋同发展，双城经济圈需要培育经济增长新动力源、完善区域内部产业协同机制、推进产业合理集聚与分布、建设现代化交通通信体系、打造各领域的特色化产业集群。长期来看，成渝地区双城经济圈不仅要推动两省市的经济均衡增长，还要在区域内外形成合力，支撑西部大开发战略，与其他城市群形成合作共赢的跨区域融合发展，为构建"双循环"新发展格局发挥区域经济均衡增长效应。

科技创新是创造高品质生活必不可少的内生动力，重庆创造高品质生活需要以创新驱动发展为核心，以西部科学城为纽带，推动高质量发展。基于内生经济增长理论，推动重庆和成都两地科学城创新协同发展，需要建立分工合理、错位发展、高效协同的现代产业体系，打造具有全球竞争力的产业集群，利用两地的科研创新资源，吸引高端创新要素，共同推动技术攻关，建设科研创新平台，打造科技创新中心。同时，也需要加速新一代信息基础设施建设，推动数字产业化和产业数字化，促进新一代信息技术与实体经济的深度融合，建设数字经济创新发展试验区。依托西部科学城，加强成渝地区与全国其他城市群的协同发展，推动区域科技创新和经济均衡增长。

在创新驱动发展的同时，生态环境同样是创造高品质生活的必要条件，过去以牺牲环境为代价创造GDP的发展模式已经不适应当前重庆创造高品质生活的现实需要。以习近平同志为核心的党中央坚持系统观念，统筹中华民族伟大复兴战略全局，面对世界百年未有之大变局，统筹推进"五位一体"总体布局并协调推进"四个全面"战略布局，习近平总书记强调，实现"碳达峰""碳中和"，是贯彻新发展理念、构建新发展格局、推动高质量发展的内在要求，也是党中央统筹国内国际两个大局作出的重大战略决策，因此，重庆也必须处理好发展与减排、增长与生态的关系。重庆高品质生活实践进程中系统把握"双碳"目标需要在城市规划、产业转型、能源结构、交通系统和社区发展等多个领域综合努力，需要重庆政府、企业和市民齐心协力，共同为可持续未来和绿色高品质生活努力，要充分促进能源结构优化，优化城市布局，减少城市扩张，鼓励人口密度适度增加，减少通勤距离，进一步提供高效的公共交通系统，鼓励市民使用公共交通工具，减少私人汽车使用，推广电动汽车和充电基础设施，还要制定发展政策促进产业转型，促进清洁生产技术，支持高科技产业和绿色产业的发展，加强教育和宣传工作，提高市民对于"双碳"目标的认知，开展碳减排宣传活动，鼓励市民采取节能减排措施，积极参与国际气候变化合作确保碳排放的减少并提高市民的生活质量。

秉持区域协同、创新驱动和绿色协调理念打造高品质城市生活的同时，我们也不能忽视广大农村地区的发展。改革开放40余年，中国实现了从贫穷落后的农业大国到世界第二大经济体的历史巨变，创造了世界近代史上经济发展和减贫奇迹。重庆作为西部地区最大的直辖市，也是西部地区决胜脱贫攻坚战的重要高地，重庆坚决贯彻落实党中央决策部署，原国家扶贫开发工作重点区县、原市级扶贫开发工作重点区县全部脱贫摘帽，建档立卡贫困人口全部脱贫，原国家扶贫开发工作重点区县农村常住居民人均可支配收入大幅提高，原建档立卡贫困人口人均纯收入显著增加，极大改善了重庆农村地区的生产、生活和生态条件。创造高品质生活要进一步巩固脱贫攻坚成果，保证高品质生活惠及每一位人民群众，保证农村地区不返贫、不掉队。

在修炼内功的同时，重庆创造高品质生活还需要向外拓展。作为"一带一路"和西部陆海新通道的重要节点城市，重庆在国际合作与打造内陆高品质开放高地方面扮演着重要角色。重庆是中国的一个缩影，既有比较发达的区域，也有更多欠发展的人口和地区，这是经济发展的重大挑战，也是中国可以持续发展的内在潜力。

重庆要力争建设内陆开放高地，优化营商环境，减少行政审批程序，简化审批流程，提高效率，降低企业开办成本，吸引更多国内外投资，建设高效、廉洁、公正的政府机构，提供优质高效的政务服务。加强基础设施建设，提高内陆地区互联互通能力，降低物流成本，提高产业链整合水平，培育高科技制造业、新能源、生物医药、数字经济等战略新兴产业，提高产业附加值和竞争力，支持科研机构和高校发展，培养高素质人才，吸引国内外科技企业在重庆设立研发中心，推动技术创新，提高产业竞争力。制定政策吸引高层次人才和留学生回流，建设国际化的人才培训和创新创业基地，提升本地劳动力素质，提升城市宜居性，吸引更多高素质人才和企业。发展文化产业和旅游业，吸引更多游客和文化创意产业投资，提升城市国际形象。放宽金融市场准入，鼓励国际金融机构在重庆设立分支机构，推动人民币国际化，加强金融创新，提供多元化的金融服务。融入"一带一路"，争取国家发展改革委牵头建立西部陆海新通道国际合作协商机制，组织编制西部陆海新通道国际合作规划，强化与东盟国家的机制衔接、战略衔接，注重与国家重大战略项目协调推进，将西部陆海新通道纳入"一带一路"国际合作高峰论坛框架，发展跨境贸易和投资，与周边城市和国家建立紧密的经贸关系，推动区域合作和产业协同发展，完善合作机制，构建层次更高、领域更广、协作更优的对外开放合作机制，打造开放、创新、宜居、协调的高品质生活城市。

后　记

　　本书系中共重庆市委宣传部牵头策划的"新思想领航新重庆"丛书之一。本书着眼于习近平新时代中国特色社会主义思想在重庆的鲜活实践，从城市建设、战略规划、产业建设、生态建设、民生建设、国际合作六个方面，为读者展示了重庆创造高品质生活实践取得的具体效果。

　　全书写作分工如下：姚树洁负责全书提纲、统稿、审定结语章节的编写等工作；房景负责全书具体章节的撰写、数据收集、资料整理、文字校对等工作。

　　在本书编写过程中，中共重庆市委宣传部、重庆市社科联对编写团队给予充分信任和大力支持。同时，也要感谢重庆市内外相关专家学者对我们研究工作的帮助，感谢重庆出版集团为本书的顺利出版付出的努力！

　　由于编写时间仓促，加之作者水平有限，本书难免会有错漏之处，请专家、读者指正、批评！

2024年3月于重庆